Rhoda Ingrid Ambassa

Recueil de textes

Rhoda Ingrid Ambassa

Recueil de textes

Comment transformer ma communauté?

Éditions Croix du Salut

Cover image: www.ingimage.com

Publisher:
Éditions Croix du Salut
is a trademark of
International Book Market Service Ltd., member of OmniScriptum Publishing Group
17 Meldrum Street, Beau Bassin 71504, Mauritius

Printed at: see last page
ISBN: 978-3-330-70777-1

Un repas complet !!!

Qu'entendons-nous par repas complet ? C'est celui dans lequel se retrouvent des aliments de différentes familles, certains visant à favoriser et d'autres à limiter l'alimentation. Le rythme des repas est fonction des besoins de la journée, et s'il est instable, rare ou absent, cela va à l'encontre d'une bonne hygiène alimentaire. Nous en avons donc besoin en permanence, et de manière équilibrée, sinon à long terme, nous manifestons en nous des carences, celles là même qui perturberont tout le fonctionnement de notre système organique, notre mode de vie, nos relations avec notre entourage quelqu'il soit, bref, des carences qui, dans l'ensemble, finissent par nous pourrir la vie.

Une vie déjà bien malmenée par tous nos travers. En effet, nous sommes facilement attirés par tout ce qui nous fait sortir de notre nature positive et constructive. Cette part de nous qui nous conduit assurément vers une maigreur spirituelle inquiétante, un déséquilibre intérieur progressif, à mesure que nous accumulons les colères, les méchancetés, les égoïsmes, les vices et les manquements. Des facettes négatives qui développent en nous une anorexie bien destructrice, pourtant il existe un menu qui ne donne aucune indigestion : la parole de Dieu.

Elle est LE repas complet par définition, sans lequel rien ne va dans notre vie, même si nous voulons nous convaincre du contraire, et aucune vitamine, aucun autre nutriment, rien d'extérieur ou d'intérieur ne saurait et ne pourrait la remplacer.

Pourquoi nous créer des maux d'estomac avec des jalousies gratuites, des céphalées à cause de rancœurs, des aigreurs suite au succès de l'autre ? Pourquoi fondre devant la luxure et la barbarie comme devant une bonne friandise ? Pourquoi est-ce si facile de se goinfrer de médisances, de l'échec et de la déconfiture des nôtres ? Tant de pourquoi, alors qu'une faim spirituelle est largement satisfaite.

Une satisfaction qui serait au-delà de notre espérance pourtant. En effet, notre bible, constitue une passerelle solide pour une croissance et un développement adéquats de notre moi chrétien, comme un enfant nouveau-né qui doit grandir, pour tous ceux qui la dévorent. En recherchant le Seigneur à travers une lecture assidue, en aspirant à lui plaire par la compréhension, l'obéissance et la mise en pratique de ses commandements. A l'exemple de Jésus qui dit dans (Jn 4 :34) ***« Ma nourriture est de faire la volonté de celui qui m'a envoyé, et d'accomplir son œuvre. »***, faisons un régime sain du '' pain vivant qui est descendu du ciel'' et qui n'a, jusqu'ici, jamais été signalée comme nocif, au contraire !

Alors, pour notre salut, il nous faut nous rappeler que nous devons chercher cette nourriture auprès de Jésus, le "pain de la vie", et ne pas oublier que "la chair ne sert de rien" (Jn 6.48-63). De rien ! Aucune nourriture spirituelle ne se trouve dans toute la connaissance du monde, dans ses récompenses et ses plaisirs, dans les détails des émotions futiles et des considérations humaines. Le Seigneur souhaite que nous soyions davantage pétris de sagesse, de bénédictions et de plus grandes victoires !

Ne laissons pas la chair et ses faiblesses nous ramener en arrière, faire stagner notre vie dans la médiocrité, et prions pour que Dieu le Père nous fasse la grâce de susciter en nous, une plus grande faim de sa parole.

Ingrid A.

Un projet dans l'éternité…

Nous sommes souvent témoins des dégâts qu'elle occasionne, sinon des victimes à part entière, de l'oisiveté. C'est une notion de paresse volontaire, qui ne produit strictement rien de bon ; une situation où, une personne se complait dans le désœuvrement. Elle ne contribue qu'à nous affaiblir, ou plutôt à créer un fossé entre nous et nous.

En effet, l'être humain est une entité constituée de différentes variations, c'est pour cette raison qu'on dit de lui qu'il est « divers et ondoyant ». Il existe des prédominances qui composent alors la personnalité principale de la personne que nous sommes et parallèlement, d'autres aspects qui peuvent surgir de note subconscient et s'imposer dépendant de notre laisser-aller ou de notre détermination à les éradiquer. Pour cela, nous avons besoin de nous recentrer sur nous-mêmes, de définir une idée précise et d'en faire une sorte de projet.

Par définition, un projet peut être une opération ponctuelle ayant un début et une fin, ou de manière illimitée dans le temps, nécessitant la mise en œuvre de ressources humaines et matérielles pour sa réalisation. Trop technique, n'est ce pas ! Néanmoins, applicable à toute sorte de plan productif et pensé avec maturité, pas nécessairement à but lucratif. En fait, l'idée est de s'occuper l'esprit à quelque chose d'utile, d'avoir un but, de se fixer des objectifs, avoir ainsi une « raison de… ». Pour cela, nous allons étudier toute la logistique y afférente, pour que notre idée corresponde à un besoin quelqu'il soit (alentour ou personnel) et surtout quelque soit notre position/situation (chômeur, travailleur, étudiant/élève) ; mais plus que tout, nous devons être motivés et patients.

La patience en effet, est une très grande arme, et sert de grands et nobles intérêts. Autant dans la vie active comme dans la vie spirituelle, elle fait ses preuves et nous devons obligatoirement composer avec, en d'autres termes, « rien ne sert de courir, il faut partir à point ». De même que nous pouvons éviter de corrompre la chair en nous impliquant activement dans un épanouissement physique et intellectuel, asseyons une maquette spirituelle qui palliera à un ennui de quelque nature que ce soit. Recherchons en nous le besoin à satisfaire, même s'il est d'ailleurs assez évident, le gain de la vie éternelle.

Projet ambitieux, cependant **le seul** qui en vaille la peine, car ne se limitant ni dans le temps, ni dans l'espace. Comment ? En recherchant le Seigneur, en suivant ses commandements, en nous nourrissant de sa parole et en la mettant en pratique autour de nous et pour nous. En avons-nous besoin ? OUI ! Immanquablement. Sans ce breuvage saint, nous sommes morts dans notre âme, et nous ne serons pas reconnus par Jésus-Christ, le jour du jugement, puisque nous aurons privilégié des projets, Ó combien plus importants !

Construisons des remparts solides autour de nous, sollicitons la présence de Dieu en Jésus-Christ, pour éviter notre perdition, quémandons la force de l'Esprit Saint comme énergie sainte dans nos veines, quêtons la lumière de l'éternité pour regarder avec un regard nouveau, celui de chrétien, renaissons de notre connaissance en Lui, en son nom, le seul et l'unique, pour sa plus grande gloire. Oui, inspirons-nous de ce passage de ***Jn 17, 1-3*** qui dit : « ***Après avoir ainsi parlé, Jésus leva les yeux au ciel, et dit: Père, l'heure est venue! Glorifie ton Fils, afin que ton Fils te glorifie, selon que tu lui as donné pouvoir sur toute chair, afin qu'il accorde la vie éternelle à tous ceux que tu lui as donnés. Or, la vie éternelle, c'est qu'ils te connaissent, toi, le seul vrai Dieu, et celui que tu as envoyé, Jésus-Christ***. » , et rapprochons-nous de l'éternelle félicité.

Ingrid A.

Oust, l'Hypocrisie !!!

Aujourd'hui, l'hypocrisie est monnaie courante dans presque chaque composante de la société - la politique, la religion et le commerce. Nous la vivons au quotidien, la buvons, la subissons même, consciemment ou non. Qu'est ce qu'un hypocrite ? Le mot « hypocrite » vient d'un terme grec désignant un acteur de théâtre, qui portait souvent un masque, ou un orateur. Ce terme a fini par désigner, avec le temps, quelqu'un qui joue la comédie pour tromper les autres ou pour atteindre des objectifs égoïstes.

Partons du principe qu'elle existe depuis la nuit des Temps. Tôt dans l'histoire de l'humanité, le diable s'est servi d'un serpent comme d'un masque et s'est fait passer pour un bienfaiteur afin de tromper la première femme, Ève (Genèse 3:1-5). Depuis, beaucoup parmi nous suivons le même tracé et posons des actes définis par des desseins faux et traitres, sans tenir compte du mal que nous pouvons faire autour de nous, des conséquences que notre attitude pourrait entraîner.

En effet, avant de causer du tort à notre prochain en toute connaissance de cause et par des méthodes de duplicité, de flatterie destructrice, souvent même de chantage affectif, interrogeons-nous sur la nature de nos intentions et la valeur du résultat escompté. Quel plaisir pourrions-nous tirer de la déchéance de nos pairs, à moins d'être sadique et cruel ? Ou juste inconscient… ? Pourquoi n'éprouver de satisfaction que dans le malheur, l'erreur d'autrui ? Résultante d'un égoïsme insultant, alarmant, indécent, d'une orientation erronée de notre part à l'endroit de nos victimes.

L'hypocrite, dans la Passion du Christ comme dans la vie de tous les jours, va être ce Judas, celui qui embrasse pour la perte de l'autre, celui qui cache ses vrais sentiments à ses compagnons de route, celui qui est capable de percevoir un copeck pour s'aliéner, celui qui vend son âme au diable juste pour la satisfaction d'assister à la chute de l'autre, celui qui mène ses compagnons à la 'mort'… Face donc aux conséquences de ses choix individualistes, il se fait langue fourchue et refuse de reconnaitre ses torts. Menteur, il cumule son irresponsabilité à son complexe d'infériorité vis-à-vis des autres, et l'extériorise de manière si peu glorieuse.

Pouvons-nous nous en défaire totalement? Difficile, à vrai dire. C'est un défaut bien ancré en nous quand il y est, très absorbant, avilissant et trompeur. Dieu le Père ne le tolère pas indéfiniment, surtout si cela est dirigé contre Lui. Rapprochons-nous de l'Eternel en ce jour glorieux de résurrection avec sincérité, transparence et générosité, et laissons tomber tous ces aspects négatifs qui complètent notre personnalité dans un déséquilibre humain certain. Son amour incommensurable pour Nous, sans hypocrisie, l'a peut-être conduit sur la croix, cependant pour sa grande GLOIRE.

Bonne fête de Pâques !!!

Ingrid A.

Brebis ou chèvre ?

La brebis et la chèvre sont connues pour leurs caractères contradictoires, tandis que l'une est soumise, obéissante et aimante, l'autre est revêche, palabreuse, rebelle, n'en faisant qu'à sa tête ; un vrai âne ! En quoi cela pourrait-il s'apparenter à nous, à notre vie de chrétien, de parent, d'enfant, de frère, de voisin, de collègue, d'individu tout court?

Le contexte biblique nous enseigne que les deux expressions ne se perdent pas. Ainsi, la brebis est cette entité là, qui reconnait la voix de son berger, lui prête une attention particulière, la suit entre toutes et ne se détourne jamais d'elle. Elle fait sa volonté, lui témoigne de l'affection et lui rend par des gestes d'amour et de soumission, la tendresse et le respect qu'elle reçoit. Elle lui est fidele en toute circonstance et lorsqu'elle s'égare, son maitre ne trouve de répit et de paix que dans son retour.

Par opposition, la chèvre ne marche que sur des chemins tortueux, est dispersée et accorde de l'attention à tout ce qui l'éloigne de son troupeau, de sa demeure, de son maitre. Elle suit bêtement les mouvements d'ensemble, et ne cherche, ni à comprendre ce qui se passe, ni de quoi il s'agit, fonçant tête baissée, elle ne mesure en général pas les conséquences de son insouciance, et se retrouve vite dans l'embarras.

Oui, une insouciance que nous reproduisons au quotidien dans notre vie. La méchanceté, la jalousie, l'aigreur, l'envie, la bêtise ou tout simplement l'ignorance, nous consume au point de développer en nous l'ingratitude face à la vie dont nous bénéficions de manière gratuite, et que certains perdent au détour d'une maladie, d'un accident, d'une cruauté, ou même d'un sommeil sans fin, qui ne laissait rien présager de tel. Où est passée notre solidarité? Notre générosité, notre spontanéité? Notre compassion, notre patience... Nous vivons notre vie comme si nous en avons une autre à venir, qui sera pareille, avec les mêmes opportunités, le même entourage, et peut-être la chance de pouvoir se rattraper...

Nous ne préparons ni notre présent, ni notre départ. Nous nous gaussons de la patience du Seigneur à notre endroit, des heures précieuses qu'Il nous accorde, pour que nous nous rendions compte de son amour incommensurable, malgré nos fautes, nos iniquités, nos manquements, nos faiblesses ; pour qu'au lieu de peaufiner des plans machiavéliques aux desseins trompeurs contre notre prochain, nous montrions notre intérêt pour les grâces qu'Il ne cesse de déverser dans nos vies (l'amour, la joie, la paix, sa présence), des grâces à partager autour de nous. Nous sommes plus attirés par les voix et les voies obscures, incertaines ; et distraits, nous ne distinguons pas le ''must'' : la voix de notre Père.

Elle est unique pourtant! Douce et impérieuse à la fois, elle ne nous demande qu'une chose, faire sa volonté. Celle-ci consiste à ne faire que le bien.

Comment ? C'est vrai qu'il reste un concept moins évident lorsqu'il faut l'appliquer à soi-même et en temps opportun. Mais avec beaucoup de volonté, une foi tournée vers le Seigneur et en constante autoévaluation, nous pouvons devenir un chrétien ''***comme il faut***'', généreux, patient, tolérant, ouvert à la différence et au changement, disponible et serviable, accueillant, sincère et vrai, etc. Disons que ca frise la perfection, et que pour justifier notre permanent ''laisser-aller'', nous nous cachons derrière un ***« la perfection n'est pas de ce monde »***.

Cependant, aspirer à être une brebis, SA brebis, est tout ***le mal*** que nous souhaite le Seigneur. Mais il reste encore notre libre-arbitre… Alors que décidons-nous ?

Ingrid A.

Modèle ou calque ?

De nos parents, nous recevons une base éducative, des principes de vie à mettre en place en fonction de nos différentes expériences, et la société quant à elle, parachève notre formation en faisant de nous des hommes/femmes accomplis, prêts pour la vie active et ouverts à toutes les opportunités. Chemin faisant, nous nous fixons des objectifs et œuvrons à les atteindre, mais surtout, nous avons besoin de prendre en exemple un membre proche de notre entourage, pour avoir certains repères. Cependant comment vivre sa vie de telle sorte qu'elle ne fait que s'inspirer d'une autre sans en être une réplique ?

Chacun nait avec son étoile, ses chances, ses compétences, son potentiel, son don, etc. Avec le temps, nous devons nous construire et faire de notre vie ce que nous souhaiterions qu'elle soit. Une touche personnelle s'impose pour bien marquer l'originalité et la singularité de nos choix sociaux, familiaux, professionnels et personnels. Nos quatre membres et notre tête nous permettent de monter cet édifice de manière intelligente, sans avoir à nous presser, selon nos gouts, nos réalités, notre aptitude à nous adapter à certains changements s'opérant dans notre quotidien, etc. Le Seigneur nous fait la grâce à chacun, de nous accorder le libre-arbitre, pour que nous soyons à même de décider de ce qui nous convient ou non en tout état de cause. Il place des signes, un temps, des personnes favorables à un message particulier qu'Il et nous faire lire, écouter, comprendre. Notre vie spirituelle nous permettra de vite le discerner ou non, en ces différents indices disposés ça et là sur nos sentiers.

Avoir une muse donc nous prépare objectivement aux pièges de demain, nous met a l'école de l'observation, de la patience, nous forge un caractère humble et de mois en moins téméraire. L'autre nous servant de miroir, nous mettons à profit l'enseignement que nous tirons de sa réussite et de ses échecs, en ne retenant que le meilleur. Rien n'est parfait, cela va de soi, et l'apprentissage que nous vivons aux côtés de cet ami, cet oncle, cette grand-mère, ne nous exempte pas de commettre des erreurs au moment de mettre en application toutes les astuces piquées ci et là de notre pseudo formation.

Cependant, nul besoin de reproduire au détail près ce que nous voyons en l'autre. Que ce soit positivement et encore moins négativement, les conséquences ne seront jamais les mêmes. Il est possible que nous soyons plus veinards, et que la catastrophe nous loupe de peu, mais il vaut mieux éviter de se faire jumeau d'un être de chair comme nous, chacun ayant sa nature, les résultats attendus ne seront jamais identiques. Nous gagnerions au contraire, à jouer d'intelligence en prenant les points positifs, et en améliorant les points négatifs. Car si par malheur nous sommes du mauvais côté, c'est la réplique qui paiera de notre échec cuisant, parce que pour nous il en sera le principal responsable, lui qui n'a rien demandé ou alimenté.

En effet, nous avons vu en lui un modèle au point d'en faire une fixation, et nous souhaitons désormais vivre sa vie. Face à l'échec de ne point y arriver, ou de parvenir à quelques crottins de solution, nous lui en voulons d'être là où nous souhaitons être, de réussir pendant que nous faisons du sur-place ; et là s'installent l'aigreur, la méchanceté, l'envie, la jalousie, l'impatience. Nous oublions même qu'il n'a rien fait de particulier pour avoir ce qu'il a, c'est le Seigneur qui donne. Et si c'est par d'autres moyens qu'il les a eu, ca ne nous regarde absolument pas ; ainsi s'étend *''la parabole de la poutre et de la brindille de balai dans l'œil du prochain''*.

Un mauvais emprunteur est plus intéressant qu'un bon copieur…

Ingrid A.

Famille : la gestion du viol

Au fur et à mesure que le temps passe, la notion de famille est de plus en plus perçue de manière relative. Pourtant, elle devrait continuer d'illustrer, comme dans le temps, la protection, la chaleur, l'amour et le partage. Chaque membre de cette bulle familiale devrait s'y sentir à son aise, voir en son père, sa mère, sa sœur, son frère, son époux (se), son enfant, le premier havre de paix à rechercher, après le Seigneur bien sûr, dans une ou plusieurs prières qu'il ferait de manière instinctive, lorsque d'aventure, il ferait face à une situation douloureuse, embarrassante, difficile ou triste. La crainte de se confier, de peur que cela ne suscite incrédulité et doutes, ne devrait pas exister

En effet, nous vivons certains affres tels qu'ensuite, nous avons immanquablement besoin d'un soutien particulier, celui de nos proches, de notre sang. Le viol en fait partie… Celui-là, une ignominie sans pareil !!!

Il en existe de toute sorte (physique, morale, spirituel, etc.), et ils sont tous aussi grave les uns des autres ; mais de manière particulière, le viol est un acte de violence par lequel une personne est contrainte à des relations sexuelles. Quand, pourquoi et comment en arrive-t-on là? A forcer une personne pour n'obtenir d'elle que l'assouvissement de ses plus basses pulsions ; voir en elle le cobaye idéal pour expérimenter une abomination des plus cruelles… C'est certainement de longues études orientées pour arriver à une compréhension objective, dénuée de tout sentiment de rage, de dégoût, de frayeur même, d'un comportement aussi répugnant. Chercher l'origine de tout, ce déclencheur qui a transformé un homme/une femme, en détraqué (e), en semeur de terreur, est tout aussi important que prendre conscience de l'état de la victime, et pour la famille du/de la concernée, c'est crucial.

En effet, sortir d'un traumatisme aussi abject donne l'impression que nous l'avons cherché, provoqué, désiré même de manière inconsciente, et que nous le méritons. Et parce que notre quête a été satisfaite, il est indécent de se plaindre, même si nous avons crié non de toutes nos forces, appelé à l'aide, hurlé à la mort, ou sommes restés silencieux, tétanisés par la peur, cependant avec un comportement qui ne souffrait d'aucun doute, nous n'étions pas consentants, nous ne devons pas moufter. NON, NON, NON, et NON !!! Nous avons subi un acte odieux, et nous réclamons le minimum, un peu d'attention, une oreille douce et réconfortante, beaucoup d'amour et de tendresse, une épaule pour nous épancher…

Le déni n'a jamais été une solution, au contraire ! Il vous détruit un homme/une femme, un enfant, dans sa chair, dans son esprit, et ceci arrive aux deux genres, adultes ou pas. Il est plus nocif que l'acte lui-même car il nous conforte, nous victimes, sur le fait que ce sentiment de rejet est légitime, nous avons ruiné la réputation de notre famille d'en avoir parlé, nous avons souillé le nom de nos parents, nous sommes pitoyables, etc. Nous sombrons lentement, mais inexorablement, dans la dépression, nous sommes seuls.

C'est pourtant à ce moment précis de notre vie, que notre cellule doit nous envelopper de tout l'amour dont elle est capable, et non de doutes, de réprimandes, de reproches, de moqueries, questions insidieuses (comment ca se fait qu'une seule personne ai réussi à nous maîtriser? qu'est qu'on y faisait ? Nous avions été prévenus ! Etait-ce vraiment un viol ou une fausse promesse qui a mal tourné ? Bien fait pour nous…) ; nous n'avons pas besoin de commentaires désobligeants venant des nôtres, des suspicions mal placées, des œillades méprisantes. Le viol existe et RIEN ne justifie de vivre pareille atrocité par la faute d'un tiers, et que par la suite nous en ressentions le poids par une culpabilité bien sentie. Nous sommes vraiment dans le rouge psychologique et notre famille constitue, un support moral incommensurable, quand il est apporté avec spontanéité.

Oui, il est primordial de secourir notre frère, notre sœur, notre parent. De lui apporter toute l'assistance dont il/elle a besoin, de l'aimer, de le/la soigner, mais aussi de lui fournir l'aide psychologique professionnelle adéquate, car, en plus de cette démolition de son état d'esprit, il y'a risque de maladies sexuellement transmissibles, de grossesse, de séquelles irréversibles. Un encadrement particulier pour lui procurer les conseils adéquats, lui apprendre à pardonner le mal qu'il/elle vient de subir, le pardon étant la clé de la liberté, car il faut avancer, ne pas le/la laisser se morfondre et s'apitoyer sur son sort. Lui faire comprendre qu'une étape majeur de leur vie, bien que malheureuse, vient d'être vécue et qu'il y'a certainement une leçon à tirer de tout ceci.

La guérison ne sera pas immédiate, mais avec les nôtres à nos côtés, solidaires de nous et soudés entre eux, elle est sure d'être rapide et positive.

Ingrid A.

Le mal que « je » fais…

A la question de savoir ce qu'est le mal, **Benjamin Whichcote** répond que ***« le mal est contre nature, il est en contradiction avec la loi de notre être. »***

L'idée ici est d'attirer notre attention sur le fait que le mal qui existe en nous, est un concept ponctuel, que nous manifestons en général pour satisfaire un besoin, tout aussi ponctuel, que ce soit pour nous ou pour notre entourage. Donc, nous agissons ainsi, pour un éventuel bien.

Paradoxal, quand on sait ce que ca produit comme effet autour de nous. Il n'y a pas souvent qu'une victime à plaindre, nous ne sommes pas les seuls concernés, nous entrainons dans notre inconscience du monde, mais par-dessus tout, nous pervertissons le bien, inné et encré en nous ; en fait, nous nous faisons du mal et bêtement.

Pourquoi ? Parce que nous manquons d'assurance ? Alors nous essayons de tirer partie de la déconvenue de notre entourage en espérant que cela nous place dans une position plus favorable qu'au départ. Et que dans celle-ci, nous serons plus respectés, plus sollicités. Ou encore parce que nous sommes envieux ? Tout mettre en œuvre pour soustraire à l'autre ce qui lui appartient comme biens physique, matériel, financier ; en ayant l'illusion d'être lui/elle, donc d'être comblé. Ou plutôt parce que nous sommes cyniques de nature ? La méchanceté fait partie de nous et nous ne pouvons pas faire sans. Un peu comme les enfants, qui innocemment manipulent les adultes à leur guise ou se montrent monstrueux entre eux… Non !

Nous n'avons aucun démon particulier du mal en nous. En fait, c'est des mauvaises habitudes d'origine charnelle, qui corrompent notre chair et ensuite notre esprit. Et comme l'adage « les mauvaises habitudes ont la peau dure » sert souvent de prétexte pour les garder profondément en nous, nous ne faisons d'effort que lorsque nous allons confesser, encore faudrait-il que nous y pensions, ou que nous soyions conscient de ne pas confesser mécaniquement. Ces mauvais côtés de nous donc, font surface seulement pour rétablir selon nous, une injustice faite à notre personne, de manière subtile ou brutale. Et malheureusement nous sommes convaincus d'être dans notre bon droit.

C'est une situation particulièrement subjective dont ne peut nous sortir que la prière en permanence. En effet, nous sommes juste là, à médire, à manipuler, à mentir, à voler, à détruire, à tuer même, au nom de notre honneur qui de notre point de vue aurait été bafoué, pour une satisfaction éphémère, un bonheur bref, un plaisir malhonnête et limité dans le temps et dans l'espace. Qu'en ferons-nous ? Strictement rien ! A la limite nous serons même vides de sens, parce que nous aurons assouvi une envie aux desseins tristes et non productifs, ou peut être productifs que de la déchéance des autres, et sans doute de la notre.

Comprenons que le mal est instable. Il ne sert à rien, sinon à nous mettre en mauvaise posture face à notre créateur. Il serait de bon aloi d'utiliser la liberté que nous donne le Seigneur pour choisir de ne faire que le bien, de se comporter en chrétien, ou du moins d'aspirer à l'être en tout temps. **Jean-Napoléon Vernier** le soulignait encore dans les *Fables, pensées et poésies*, ***«Tout homme peut se rendre utile par le bien qu'il peut faire ou le mal qu'il peut empêcher. »***

Nous devons et pouvons nous arrêter de faire le mal… par la grâce de Dieu.

Ingrid A.

L'eau, la Vie…

Apres une gorgée d'eau pleine et gourmande, nous nous exclamons souvent : « l'eau c'est la vie !». A ce moment précis, sommes-nous réellement conscients que nous tapons en plein dans le mille ou bien c'est juste histoire de faire de l'esprit ? Prenons-nous la pleine mesure de ce qu'est cette EAU qui ne fait pas que nous désaltérer ? Pari hypothétique que de penser trouver deux réponses fermes pour les questions posées. Cependant, la suite satisfera certainement notre curiosité.

Dans la tradition Judéo-chrétienne, l'eau symbolise la purification, le renouveau. C'est «***l'eau qui lave les péchés du monde*** » (**Ps 55)**, d'où l'utilisation de l'eau bénite lors des baptêmes, que l'on appelle spécifiquement "eau baptismale". Elle nous permet ainsi de changer de statut, et de passer d'Homme mort dans sa spiritualité, pourvu de péchés innombrables, à l'Homme vivant et pure. Nous sommes à ce moment là prêts à accueillir le Seigneur en nous.

C'est par ailleurs un moyen de communion, entre les vivants les morts, et paradoxalement une idée de séparation entre le matériel et l'immatériel. L'un nous rapproche de nos disparus à travers l'aspersion faite à la fin d'une cérémonie d'enterrement en signe d'aurevoir, à la manière des celtes qui enfouissaient les corps sans vie dans un tronc d'arbre creusé livré à la rivière ; l'autre marque la différence entre les activités religieuses et les activités profanes, en établissant la limite entre l'Homme et le divin. Dépassant les valeurs sociales, hygiéniques et sanitaires, se laver les membres et/ou le corps, avant et après toute activité, revêt désormais un caractère spirituel profond, un signe de respect envers le ciel, la nature et envers nous même.

La symbolique de l'eau est présente dans toutes les cultures, religieuses ou non. Comme le pain, l'huile, le sel, l'eau est un symbole de passage ! Passage à la sainteté, à la propreté, au rassemblement, au partage, à la détente, mais aussi à la mort ; d'où la présence de points d'eau dans nos différentes communautés, sous toute forme inventive, naturelle ou artificielle (bénitier, fontaine, rivière, lac, piscine). Elle rétablit l'équilibre, l'injustice, sert de balance entre deux poids ; c'est un signe d'espérance que nous devons désormais chérir, dorloter.

Plus que tout, elle annonce **la vie éternelle** ! Tel qu'énoncé par Jésus dans sa parole : « ***qui boira l'eau que je lui donnerai, n'aura plus jamais soif : l'eau que je lui donnerai devient en lui source d'eau jaillissante en vie éternelle***. », nous savons maintenant que **Rien n'est comparable à l'eau sinon la spiritualité elle-même.** Insaisissable dans sa structure, en constant dynamisme, prenant la forme de tous les contenants sans en conserver aucune, capable de percer la roche sans pourtant s'opposer à quoi que ce soit, bonne à tous les êtres sans rien demander à personne, origine du Ciel et de la Terre, mère de toutes choses, **l'eau est l'alpha et l'oméga de la vie, l'expression de Dieu.**

Bon Dimanche des rameaux !!!

Ingrid A.

Don de soi…

Qu'il est doux et bon de voir apparaitre sur le visage d'un tiers, une marque de satisfaction, de gratitude, parce que nous avons été chrétiens. En effet, la gracieuseté spontanée et naturelle de notre personne pour notre entourage est un devoir chrétien.

Il est vrai qu'il est un concept se rapportant le plus souvent aux largesses dans le sens matériel et financier, ce qui est tout aussi important qu'appréciable. Nous retrouvons d'ailleurs dans les Actes des Apôtres, un rapport selon lequel « tous les croyants ensemble mettaient tout en commun… » ***(Ac 2, 44)***. D'une manière générale, le don fait partie intégrante de la vie de l'Eglise. Pour le chrétien, Foi et Charité sont intimement liés, c'est pour nous l'occasion de prendre part à la vie de l'Eglise.

Nous aurions pu nous arrêter là, et pour certains, cela aurait impliqué d'être embarrassés. Etat d'esprit occasionné par l'absence de moyens nécessaires à la faisabilité de l'action. Ou simplement et à tort, un sentiment d'inutilité et de désœuvrement. Tout le monde ne peut effectivement pas se battre avec les mêmes armes. Voilà pourquoi, notre aptitude à être attentifs aux besoins des autres, à nous plier en quatre pour un entourage autre que celui qi nous est familier et forcement sympathique, est un cadeau encore plus engageant vis-à-vis de l'Eglise et de la communauté qui la compose.

Ce cadeau suppose d'aimer sans contrepartie son milieu, ne pas attendre un retour, quelqu'il soit, d'un acte de gratification posé pour le bien et l'épanouissement de chacun, même si évidemment, ca fait plaisir quand cela nous est manifesté. La tolérance et la patience nous aident dans ce travail là, ainsi, les fruits d'un labeur désintéressé sont portés haut et fièrement ; notre chantier spirituel est sur la bonne voie. Il implique également d'être volontaire sans faire attention à ceux qui sont de mauvaise foi ou trouvent toujours quelque chose d'inutile et de non constructif à redire. Ce genre d'attitude tue notre génie, endort notre bienveillance, frustre notre élan de générosité. Cela témoigne encore de beaucoup d'humilité ; car notre position sociale n'est ni un frein, ni une autorisation (d'humiliation, de brimades, d'irrespect, d'intimidation de l'autre). Cela demande enfin du respect, et ce, sous toutes ses formes. Le droit d'aînesse établissant d'office le rapport d'ascendance entre l'adulte et le cadet, revisitons la réciprocité de l'adulte à l'enfant. Le respect induit la complémentarité, l'apprentissage, l'échange d'une personne mature et intelligente à un apprenant plus jeune. Il importe de lui montrer comment il doit traiter son vis-à-vis en le traitant lui, avec autant d'égards que s'il était notre égal ou même notre aîné. Le pourcentage de réussite de sa formation officieuse sera élevé si nous nous comportons, d'abord comme des chrétiens, ensuite comme des Hommes et non des animaux.

En donnant, nous témoignons de notre attachement, de notre appartenance à notre Eglise, et du désir de la soutenir, d'affirmer notre foi et nos convictions profondes ; nous permettons à l'Eglise de fonctionner et lui offrons, dans le futur, les moyens matériels de poursuivre sa mission d'évangélisation, d'éducation, de charité et de prière ; enfin, c'est une des mille façons de continuer à faire du bien, comme nous le faisons au quotidien.

Ingrid A.

Famille : conflits de générations…

Dernièrement, la famille est au centre de TOUT. Et pour cause, c'est en son sein que nous retrouvons la base de l'individu. Elle est le cocon qui produit, couve, enseigne son Homme sur les principes personnels (la dignité et la fierté), sociaux (le respect, l'assistance, la tolérance et l'effort) et spirituels (la foi, la croyance, le don de soi). Parce qu'elle représente le socle de la société, son statut, sa survie et sa force varient en fonction de sa composition, de ses besoins et de ses objectifs.

Cependant, ce schéma ne se déroule pas sans difficulté et les conflits sont légions. Entendons par ces derniers, les désaccords et mésententes qui pourraient exister entre deux parties, qu'elles soient du même sang ou non, au point de les diviser. Ces parties sont représentées dans une famille par les différentes générations qui font d'elle ce qu'elle est, évoluant ensemble mais se confrontant, se complétant tout en étant différentes, mais surtout pleines d'amour et d'affection ; comprenons-le bien, c'est des générations qui, malgré leurs divergences ne veulent en général qu'un bonheur et un épanouissement communs et une satisfaction mutuelle.

Concrètement, nous l'illustrons dans notre société par les grands-parents, les parents, les enfants et les petits-enfants. Qu'est ce qui fait que les points de vue soient si éloignés d'un sujet à un autre ? Que les intérêts personnels des uns soient assimilés aux projets des autres ? Que l'avenir d'un enfant dépendent de l'entendement qu'en a son entourage en dépit des considérations du concerné ? Que de questions toujours aussi contextuellement applicables, et assurément pas dénuées de sens.

En effet, une conversation entre père-fils ou mère-fille, de manière classique, sur un sujet sérieux (choix professionnels, vie de couple future – choix de l'époux (se), etc), est susceptible de virer au vinaigre, pour peu que l'un des protagonistes ne soit pas sur la même longueur d'onde que l'autre ; pire encore si c'est l'enfant qui ne voit pas les choses sous l'angle identique à celui de son parent. Pourtant ce n'est certainement pas dans l'intention le contrarier, sinon le contraire serait également possible, en ce que l'enfant pense que son parent ne l'aime ou ne le respecte pas en tant qu'individu à part entière, avec ses différences, ses bons et mauvais cotés.

Tout est fait de telle sorte que, plus le temps passe, plus encore les chemins initialement tracés sont dilués. Les modèles, us et coutumes, changent à mesure que le monde évolue et se développe, marquant son contraste sur la conception que nous avons de l'histoire, se modifiant avec la totale ouverture aux différents horizons, les mentalités muant au profit de certaines croyances et pratiques, bref tout est en constante avancée.

Ceci dit, pour d'autres, il est des principes qui restent statiques et n'ont pas de raison de bouger, car ***''c'est comme ca''***. Par exemple, il est bien qu'un enfant accepte le partenaire de vie 'sélectionné' par son parent, qu'il éprouve des sentiments réciproques ou non, ils auront toujours le temps d'apprendre à se connaitre dans leur intimité et tant pis s'ils ne s'entendent pas pour une raison ou pour une autre ; la jeune fille/femme doit demeurer en mariage ou concubinage, peu importe les traumatismes, les bastons, dans lesquels elle est plongée, il ne faudrait pas que son départ suscite humiliation familiale ou échec social, elle serait la honte de sa famille ; il est bon qu'un enfant sacrifie ses rêves, ses projets au profit de ses frères et sœurs sans rechigner parce que son entourage a vu en lui la bonne reproduction de leurs envies, leurs frustrations ; il est surtout bon qu'une jeune personne pleine de potentiel se laisse ''mourir'' intérieurement pour vivre la vie que les ''autres'' ont choisi pour elle… Et c'est comme ca, et ca doit le rester au nom du respect que ces frêles générations portent comme un fardeau indésirable... Le déni d'un de ces arguments reviendrait à faire preuve d'un mépris outrageant, d'une ingratitude sans pareille et surtout d'un manque d'amour honteux.

C'est triste, mais ce type d'incompréhension existe encore bel et bien, et malheureusement, sépare et tue les relations déjà pas très solides dans les familles, car se montrer un peu d'amour est tabou, et cette absence est un poison lent, fragilisant au plus profond du système, attaquant avec patience mais fermeté. Ainsi, le cœur aride de tendresse, manque d'objectivité, contraint et impose implacablement ses choix aux siens, cependant, celui remplie d'affection, de joie, écoute, comprend, propose, oriente et aide toujours au mieux. Les problèmes ne manqueront pas, mais seront mieux gérés parce que chaque membre de la famille existe en tant que personne, avec ses choix, ses expériences, ses projections dans le futur et que cela est pris en compte, et même encouragé, par ses proches.

Ingrid A.

Alerte rouge sur nos petits amours…

Dernièrement, nos enfants sont la cible de personnes, de systèmes mal intentionnés au point de leur arracher la si précieuse vie offerte par notre Dieu. Au nom de quoi ???

Nous vivons des années de tumultes, de méchancetés, de chaos légendaires. C'est juste impensable et malheureusement c'est devenu notre quotidien. En effet, la nouvelle lubie de ces êtres perfides, c'est de nous tuer à petit feu en nous privant de la présence de nos chérubins, nos enfants qui n'ont certainement pas demandé à naître ou à faire partie de nos vies.

Pour peu qu'ils soient commissionnés hors de la maison pour un besoin ponctuel, en train de se distraire avec leurs petits camarades dans la cour commune ou en train de participer à des jeux collectifs un peu à l'écart dans le quartier, ils sont approchés l'on ne sait précisément pas comment, par ces mauvaises gens, à l'esprit assurément machiavélique puisque la résultante c'est de retrouver les corps sans vie de nos chéris. L'âge et le nombre semblent être des aspects essentiels à leur choix puisqu'ils les recrutent de préférence par deux, les pauvres chous, du très jeune au pubère. Probablement de manière discrète, ils suscitent confiance et attraction, Ils intéressent par quelques distractions de leurs âges, et concluent en les éloignant définitivement de leur entourage familier à des desseins sombres et incertains. Quelle cruauté !!!

Ce qui se vit par nos pairs nous concerne au plus haut point car cet enfant ''lambda'' est également le notre de par sa seule existence. Il n'est pas sorti de nos entrailles, n'est ni un neveu, ni une nièce, ni un beau-cousin, etc., n'a aucun lien de parenté avec nous, insoupçonné ou avéré, mais nous touche par sa condition d'être humain, partageant désormais nos émotions, nos soucis, nos bonheurs, nos expériences, de près ou de loin.

Au risque que cette année cultive en nous une vraie psychose avec tout ce que nous encaissons au quotidien comme informations venant de chez nous et d'ailleurs, doublons, triplons même de vigilance. L'alerte a viré au rouge avec ces scenarii dignes de films d'horreur !!! Nous avons toujours été là pour nos héritiers, de manière individuelle et souvent automate ; aujourd'hui, faisons preuve d'imagination, de générosité, d'altruisme et ''d'intérêt''. Oui, intéressons-nous à autrui, à sa joie et à sa peine, à l'intérêt qui nous est porté, sans hauteur ni mépris, juste aussi simplement que nous le percevons.

Mettons-nous ensemble et luttons contre ce nouveau genre morbide. Organisons notre voisinage, avec la contribution du chef de quartier en instaurant un comité de vigilance permanente (jour et nuit) ; sensibilisons, et à répétition, notre entourage (adultes et enfants) sur les attitudes à adopter face à un ou des inconnus, quelles que soient leurs propositions ; parlons-en dans nos différents milieux et discutons de stratégies de plus en plus inventives pour vaincre le mal à la racine. Ca peut être n'importe qui, n' importe où. Que notre pénitence et nos prières en cette période de carême et durant cette année de miséricorde, soient concentrés sur la protection spirituelle de notre voisin, de l'inconnu, de l'affamé, de l'indigent et de tous ceux qui en auront besoin, afin que ce ne soit plus qu'un mauvais souvenir.

Que les âmes de ces anges reposent en paix, le Seigneur a donné, IL a repris.

Prudence, prudence, prudence…

Ingrid A.

L'inéluctable

Combien de projets ne tissons-nous pas en prévision d'une date, d'un événement, d'un rendez-vous spécial, ou tout simplement pour des jours à venir ? Combien de fois ne ratons-nous aucune occasion de renvoyer au lendemain une visite à un proche, un malade, un site, sous-prétexte de mieux nous organiser et d'avoir les moyens de notre politique, et satisfaire à un ou deux caprices ?

En réalité, nous ne faisons que ca. Du début d'une grossesse jusqu'à la délivrance, nous montons plein de projets, faisons des calculs, listons les besoins y relatifs ; de la naissance d'un enfant jusqu'à sa majorité, son parent planifie son éducation, sa scolarité, son devenir, anticipe même sur sa vie amoureuse, son mariage, sa prochaine progéniture, etc. des exemples parmi tant d'autres, en bref, nous essayons de maitriser le temps, l'espace.

Mais la vérité, c'est que nous ne faisons rien de spécial, comme qui dirait, nous « n'inventons pas l'eau chaude ». Nous profitons juste de ce que la volonté de Dieu coïncide avec certains de nos désirs les plus profonds, certaines de nos pensées les plus secrètes, et nous sommes alors orgueilleux de ce que nous avons pu réaliser par **« nous-mêmes »,** de ce que nous avons pu changer les situations, les événements de notre vie, par la seule force de notre volonté.

Une volonté qui n'est d'ailleurs pas à négliger, cependant elle découle d'une énergie hautement supérieure à tout ce que nous touchons, côtoyons, vivons au quotidien et de manière somme toute charnelle : Dieu.

C'est Lui qui, dans ses plans pour chacun de nous, trace notre chemin, nous éclaire de sa lumière et nous oriente sur la conduite à tenir. Pour un équilibre parfait de l'existence, les tentateurs, les persécuteurs, les échecs et tout ce qui constitue des expériences apparemment négatives, nous donnent l'impression que notre Dieu nous a abandonné, qu'il ne se souvient pas de nous. Nous tenons absolument à garder le contrôle sur tout, c'est une manière humaine d'être rassurés, au lieu de nous confier en l'Eternel. A ce moment précis, qui a oublié qui ?

Il est évident qu'à mesure que nous accumulons les déconvenues, nous sommes convaincus de ce que nous ne valons désormais plus rien et ne méritons que ce qui nous arrive. Oui, c'est possible, mais que nous avance-t-il de penser comme des Hommes sans foi ? Et nous en manquons cruellement ! Que savons-nous des desseins du Seigneur à notre endroit ? Rien ! Pour la simple raison que nous sommes distraits. Nous disons souvent avec fatalisme que, « les voies du Seigneur sont impénétrables», pour justifier notre incompréhension face à toutes ces infortunes, pourtant Il n'aspire qu'à ce se révéler à nous, pour sa plus grande gloire.

Ayons donc à cœur de cultiver une relation personnelle avec Dieu en Jésus-Christ, par le Saint-Esprit, afin d'être en mesure de discerner les temps et les circonstances, de comprendre que Dieu parle tantôt d'une manière tantôt d'une autre, et d'être prompt à agir selon sa volonté.

Nous pourrons alors à ce moment, maitriser le temps et l'espace, mais de manière spirituelle, et ce qui doit arriver dans notre vie, arrivera, non pas dans une ignorance complète, plutôt en toute connaissance de la parole de Dieu et de ses commandements. L'inéluctable ne sera donc plus considéré comme de la malchance, mais plus comme un projet et une réalisation divine, pour notre plus grand bonheur.

Ingrid A.

Dernier virage…

Nous voici rendus à la dernière semaine de notre carême, le dimanche des rameaux pointant son nez. Qu'avons-nous réalisé jusqu'ici ? Avons-nous le sentiment d'être parvenu à la conversion à laquelle nous aspirons ? Comment utiliser de manière efficiente le temps qui nous reste désormais ?

En effet, pendant cette période, nous avons décidé de nous priver, de nous faire violence, de nous abstenir de chose que nous aimons et dont nous nous avions l'impression de ne pas pouvoir nous passer, pendant 4o jours et 40 nuits ; de vivre pendant cette durée au mieux selon la Miséricorde du christ et de son Amour; dans le but de nous rapprocher de lui, de comprendre ce qu'au travers de son calvaire il a pu endurer au nom de l'Amour qu'Il ressent pour nous, et ainsi, de nous convertir en étant convaincus que son sacrifice ne sera pas vain, du moins à notre niveau.

Nous avons accompli les trois quart du chemin, et soit, nous sommes sur la bonne voie et nous continuons dans ce sens, soit nous nous sommes égarés en chemin et il nous reste encore du temps pour rattraper le tir et appuyer sur les freins de la conduite irresponsable. Dans l'un ou l'autre cas, rien n'est joué. Apres avoir usé de subterfuges divers pour échapper à l'ennemi qui veille, ne se fatigue point et n'aura de cesse de nous voir échouer et de parvenir à ses fins, c''est-à-dire faire tomber les enfants du Seigneur, peu importe le nombre, le ravin n'étant jamais loin d'un mauvais virage ; nous avons l'impression de manquer désormais de force, d'être parvenus à notre maximum, de ne plus savoir où donner de la tête, ou de rentrer carrément en arrière.

Détrompons-nous ! Nous sommes pleins de ressources, d'énergies positives, de forces encore inexploitées, que le malin évalue au fil du temps, en tremblant pour sa perte à lui, tant il se rend compte qu'il n'est pas au bout de ses peines, que ce n'est pas pendant le carême 2016 qu'il maximisera ses recrus, **et surtout pas dans notre communauté** !

Ne lui facilitons donc pas la vie et sachons utiliser la dernière semaine qui nous est impartie, pour veiller davantage, et ne pas laisser le diable avoir le dessus sur nous. Le Fils de l'homme a été tenté, à plus forte raison, nous chrétiens, pétris de péchés et dont la foi va et vient au gré de la courbe ascendante ou descendante de notre vie. Lui, Il a tenu bon, parce que sa confiance en Dieu le Père était sans faille, parce qu'il l'avait reçu en instruction et que c'était suffisant pour son combat.

En exemple, contentons-nous de peu en cette période de tentations intenses et toutes plus difficiles à surmonter les unes que les autres. Que la prière soit notre ombre, les œuvres de la miséricorde nos anges accompagnateurs, la paix du cœur notre quotidien et l'amour du prochain notre devise. Nous en sortirons grandis, transformés, plus proches que nous l'étions du Ministère divin, et l'eau qui, bientôt jaillira du corps du Christ, nous sauvera d'un éventuel dérapage sur le chemin qui mène a la vie éternelle.

Ingrid A.

Le voleur d'à côté…

Imaginons-nous un instant, chez nous, au calme, à ranger, nettoyer, bref à vivre simplement notre journée, sans nous inquiéter de rien, quand soudain, nous réalisons qu'un rôdeur a pris pour cible la façade arrière de notre domicile. Il a clairement l'intention de forcer notre cour sans y avoir été invité, en veillant également à ce que le coin soit désert. En plein midi, ou peu importe d'ailleurs, cet inconnu décide de faire de notre maison et/ou de ses alentours, une victime potentielle.

Nous sommes surpris, indigné, mais surtout intrigué de savoir jusqu'où est prêt à aller ce petit curieux, ce qui le motive et surtout, ce qui s'est passé pour qu'il en arrive là? Et lui, qui ne fait que nous donner raison en continuant son intrusion, en forçant notre intimité de ses mauvais plans ; bien sûr il ne sait pas que cette fois, il n'est pas passé inaperçu. Mal lui en prendra, car nous allons en découdre avec lui et advienne que pourra…

C'est en général ainsi que nous concevons les choses, de manière basique. Notre voleur rattrapé, nous ne pensons déjà plus à cet intérêt que nous manifestions au moment de notre découverte. Qui est-il ? D'où vient-il ? Pourquoi s'abaisse-t-il à ce genre de pratiques ?

Il est important que nous sachions qu'un membre de notre famille, de notre entourage proche ou éloigné, peut être concerné par cette même situation, reconnu et retenu dans un espace privé ou public, parce qu'il aura été surpris en mauvaise posture, en train de soustraire des biens à autrui. Ainsi, avoir conscience de ce paramètre, avant d'agir comme un animal, plein d'agressivité et sans intelligence, est un pas vers un début de réponse à notre questionnement.

En effet, qui est-il ? Un voisin, un passant, une connaissance lointaine, un petit frère ? Il n'est certainement pas tombé du ciel, et a forcément une famille, où qu'elle se trouve. Ce qui est sûr, c'est qu'il est avant tout un être humain en souffrance, un Homme dans le besoin. Parce que oui, pour contraindre sa chair à ce genre d'humiliation, il faut vouloir combler un manque dont la vitalité n'est ni quantitativement, ni qualitativement estimable. Sauf si c'est un vice à assouvir, un intérêt particulier pour une montée d'adrénaline, ne dit-on pas souvent que le danger est exaltant ; ou une maladie à soigner comme la cleptomanie…

Il n'est pas question de justifier qui que ce soit, ou quoique ce soit, mais d'en comprendre les contours. Car bizarrement, quand cela concerne une personne que nous aimons, nous nous plaisons à « arrondir les angles », nous sommes tout à coup complaisants, magnanimes ; il nous arrive même de la protéger et de dissimuler ses travers aux regards étrangers. Nous comprenons qu'une circonstance a contribué à ce changement ou à perturber sa personnalité, et nous croyons fermement qu'il existe une solution à ce « petit » problème, que d'ailleurs nous prenons immédiatement en charge.

Pourquoi dans ce cas, ne pourrions-nous pas le faire pour ce ''monsieur X'' que nous découvrons ? Vous me direz qu'il est aisé de s'ériger en donneur de leçons, plus facile de l'envisager que de le réaliser ; que nous ne le connaissons ni d'Eve ni d'Adam, donc nul besoin de fournir autant d'efforts ; que nous ne sommes pas en sécurité et que si ce n'est lui, ca sera nous, etc. Que des prétextes en réalité.

Nous disons n'avoir pas de choix, et que notre réaction est à mettre sur le compte de l'instinct de survie. Pourtant nous avons toujours le choix, surtout celui d'être juste, et, du seul fait de notre attitude impulsive, une possible vie que nous pouvions sauvée est livrée à la vindicte populaire, même pas à la justice. Aucun encadrement indiqué ne lui sera possible car toute planche de salut lui a été retirée.

Adoptons une attitude responsable et juste. Oui, il a tort de rentrer dans une aire privée, mais au lieu d'enfoncer le clou, le retenir et le réorienter pour essayer de sauver ce qui peut l'être encore. Le voisinage proche ou éloigné n'est pas parfait, mais la perfection n'est pas de ce monde, prendre toutes les précautions qu'il faut pour sécuriser notre espace, mais aussi pour assainir les relations humaines qui en résultent souvent. Reflétons nous-mêmes ce que nous attendons des autres.

Ingrid A.

Le Malin veille…

... Et oui ! Lui, il veille toujours autant, et nous, nous somnolons !

En date du 31 Mars dernier, une poupée, un trésor, un amour de bébé a été retrouvé gisant dans les eaux sales d'une rigole, d'un passage d'eaux usées, d'une broussaille domestique de notre quartier la cité verte, au lieu dit ''Anciens Bâtiments", comme un déchet même pas recyclable. Quelle désolation, quel triste spectacle, que de regrets… Son histoire n'est connue que du Diable, de l'Eternel, d'elle et de son agresseur. Le reste ne sera que pures spéculations et à vrai dire, ce n'est plus tellement important.

Les larmes ne serviront plus à grand-chose, sauf à pleurer sur notre sort. Le Malin a veillé, quêté, s'est abattu telle la foudre sur notre petite fille, fille, nièce, cousine, sœur, petite voisine, camarade de classe, bref, sur notre prochain. Et sans autre forme de procès, lui a ôté la vie comme dans le ralenti d'un film macabre, s'est emparé de son énergie, de son aura de son essence…

Notre communauté a été atteinte en son cœur pourtant, il n'y a pas si longtemps, nous avions été édifiés sur les « anciennes-nouvelles » pratiques, les rituels sévissant sur notre entourage infantile. Aurait-ce empêché que cet acte d'une barbarie extrême soit commis ? Nous ne le saurons certainement jamais, cependant, faire retentir une autre sonnette d'alarme est nécessaire, vital même !!! Nos 'enfants' ont désespérément besoin de nous, de notre attention, de notre amour, de notre totale contribution à leur épanouissement. Notre implication doit être désormais active. Comment ?

En effet, nous posons des actes domestiques, qui, dans notre quotidien semblent anodins, pourtant servant les intérêts de ces êtres avides du sang de l'innocent, et même du coupable, mais qui seraient-ils pour s'ériger en redresseurs de torts... Nous devrons donc réviser ces comportements spontanés et insécurisants, et adopter des attitudes responsables, en tant que parents, ainés, voisins, inconnus lambda. Faire attention à un enfant d'un certain âge se baladant à une heure tardive pour lui, en s'enquérant des raisons de sa sortie nocturne, du lieu de son domicile, etc. ; arrêter de les commissionner à ces mêmes heures là, vérifier fréquemment leurs différentes positions, que ce soit dans les maisons, dans les établissements, dans les parcs, etc. ; entretenir des conversations éducatives sur le danger de se mouvoir seul a cet âge et des conséquences graves que cela peut entrainer ; réorganiser des comités de vigilance dans chaque secteur, de jour comme de nuit, y mettre le prix si nécessaire…

Que nous importe-t-il actuellement ? De nous réveiller !!! Le mal existe définitivement et tenons-nous le pour dit, car la vie de nos tout-petits en dépend. Nous avons toutes les armes pour nous et qui assurent notre défense au nom de l'Eternel : le Père, le Fils et l'Esprit Saint, qui, conjugués dans l'amour, la paix, le partage, la solidarité, constituent un manteau protecteur à toute épreuve. Servons-nous en et face à l'ennemi, nous demeurerons tout-puissants. Nous pouvons y arriver, et avec l'aide du Seigneur et un peu de volonté, nus aurons gain de cause.

Une pensée particulière à la famille si durement éprouvée, leur ange veillera sur eux…

Ingrid A.

Tu mangeras ton pain…

Le contexte de la fête du travail intervient à l'heure où l'on enregistre un pourcentage de chômage pour le moins élevé dans notre population jeune et vigoureuse. Pourquoi ? Alors que tous les secteurs d'activité restent inexploités… La débrouillardise qui semblait faire des ravages en des termes positifs, a laissé place ces dernières années, à la paresse et à la facilité collectives, aux vices et aux désordres sociaux. C'est cette même génération qui paie le prix fort, car en son sein elle abrite, couve et alimente la mauvaise graine. Les tueries, l'esclavagisme, la méchanceté gratuite, l'hypocrisie, etc., tout y passe et ne laisse d'opportunité à aucune jeune pousse. La faute à qui ? Le premier coupable est souvent pris à la gorge, le gouvernement, son système.

A première vue, cela semblerait logique. Le système ne nous permet pas de nous épanouir, de faire valoir notre potentiel, de nous autonomiser par des métiers choisis à partir de notre cursus scolaire, de profiter des richesses de notre pays, etc. Cependant, ces moyens que nous attendons de ce gouvernement, ce système que nous estimons défaillant, pourquoi ne pas en faire fi et les créer, les susciter en nous, être notre propre catalyseur, un booster indépendant et efficace, et nous organiser de manière à être désormais un employeur faisant partie ou non de ce système, au choix, mais surtout apportant sa quote-part positive dans le développement de son pays ?

Ah ! C'est plus facile d'accuser l'autre et de le rendre responsable de tous les maux et de tous nos échecs… Seulement, c'est à nos risques et périls. Cette défaillance est déjà en place et n'attend pas grand-chose de nous. Par contre, nous, nous avons besoin de nous construire au quotidien, de construire pour notre progéniture également, comme nos parents ont fait pour nous et leurs parents avant eux. Nous avons eu et continuons d'avoir le minimum, à nous de bâtir une fondation plus solide pour ceux qui arrivent, en faisant preuve d'un peu d'imagination, de volonté, d'initiative, de courage et de patience. Soyons créatifs dans des domaines boudés par la majorité sous prétexte qu'ils sous-évaluent l'homme… l'agriculture, l'élevage, l'art, les minéraux, quelqu'ils soient ; notre pays a tout ce qu'il faut et ce tout est accessible en fonction des régions ciblées et des moyens à portée de mains. Besoin de fonds costauds ? Pas nécessairement.

Tout ce que nous sommes constitue déjà un bon capital pour un investissement personnel objectif et cohérent. D'où la véracité du dicton populaire qui rythme les journées actives: 'tu mangeras ton pain à la sueur de ton front'. Les efforts physiques, intellectuels et par-dessus tout, spirituels, que nous faisons, nous permettrons d'attendre les objectifs fixés et de satisfaire à une fierté personnelle, une force et une paix intérieure méritées, un épanouissement professionnel et social légitime. C'est le but pour toute activité, rémunératrice ou non, se trouver, se faire et se projeter. Aucun métier n'est avilissant, sauf celui qui nie la dignité humaine, qui pervertit la condition sociale et détruit la confiance et la conscience individuelle.

Battons-nous pour notre devenir, pour notre avenir. De belles années laborieuses nous restent et contribueront à nous transformer en ce changement que nous souhaitons voir dans ce système défaillant.

Bonne fête du travail aux aspirants et à tous les travailleurs !!!

Ingrid A.

Un son particulier…

De tous les bruits, audibles ou non, que nous pouvons percevoir dans l'espace, le temps, dépendant de nos différentes facultés, il n'en existe qu'un seul et unique, qui se distingue de façon assez spéciale. Il est perçu de toute personne choisie, peu importe sa race, son sexe, ses croyances ou sa condition. C'est un son si particulier qu'il réunit ou divise, attire ou repousse, rassure ou effraie… Autant de paradoxes réunis dans un seul aspect intriguent ! De fait, nous creuserons un peu plus pour savoir de quoi il retourne.

En effet, être choisi est quand même assez singulier quand nous sommes ignorants de toute chose. Choisis dans quel but ? Qui opère ce choix ? Et si nous voulons rester dans notre quiétude ? En plus il semble qu'il n'y fasse pas que du bien de l'entendre. Décidément !!!

N'ayons crainte. Il s'agit d'une merveille, d'une grâce, d'une destinée dans notre vie, à partir du moment où nous avons inconsciemment passé le test d'aptitude spirituel (TAS), celui-là même qui nous permettra de cohabiter et de dialoguer intimement avec le Seigneur, d'être son instrument et le servir à travers nos semblables de manière officieuse et officielle. L'Eternel nous a ainsi tirés du lot, selon son bon vouloir, pour que nous prenions en charge le Ministère qu'il voudrait nous confier, parc qu'il sait qui nous sommes et ce que nous sommes, c'est Lui qui nous a fait.

Seulement, il arrive que cette mélodie soit écoutée par un cœur distrait, incrédule, ou très jeune. Dans ce dernier cas, c'est plus compliqué à gérer parce que tout le monde s'en mêle. Le fait que cet élu ait entre 7 et 18ans touche la sensibilité de toute sa famille, de ses amis, même de ses ennemis !!! Comme si cela était précoce et inapproprié… Cependant, lorsque nous prions, nous demandons au Seigneur de nous orienter, de prendre soin de nous et de nos proches, de nous pardonner nos péchés, etc. et lorsqu'il nous bénit en opérant un choix sur nous ou un membre de notre entourage, nous crions au scandale, nous nous souvenons du jeune âge et des nombreux projets prévus, maintenant compromis par un pseudo message subliminal que nous aurions reçu de façon fort suspecte et inexplicable… Une minute, il faudrait savoir ce que nous voulons !!!

L'âge ne devrait être un facteur d'hésitation, ni pour le concerné ni pour la famille, quand nous savons combien de royaumes ont été administrés du fond d'un berceau. Pourquoi serait-ce différent ? Parce qu'il s'agit de biens matériel, humain et financier ? Et alors !!! N'est-il pas mieux de se soumettre à la divinité qui, elle, nous assure une vie riche de la présence de la sainte trinité, sereine et éternelle ?!

Pourquoi douter, de nous, des autres ? Pourquoi repousser ou décourager ceux qui ont décidé d'écouter cette voix douce et forte en même temps ? Pourquoi faire confiance aux choix d'un Homme quand le Seigneur parle pour nous ? Tout cela ne nous oriente que vers une seule issue, notre foi. On l'a ou on ne l'a pas, et quand elle est là, on l'entretien, la bichonne, la cultive, la renforce. Ce rendez-vous précieux avec notre destinée ne nous passera certainement pas sous le nez et nous apprécierons mieux le choix des autres, de répondre volontiers à l'appel de notre cœur, à l'Appel du Seigneur, dans son Amour.

Ingrid A.

Le moins cher est… cher !!!

Nous avons l'habitude de le dire de manière désinvolte ou passionnelle, lorsqu'un incident passif ou actif se produit et dont nous sommes le témoin involontaire ou non. Cette expression commune cache pourtant une profonde et triste réalité, notre goût prononcé et sans vergogne pour la facilité.

Il est vrai que du haut de leur divin ciel, Adam et Eve n'ont pas été par l'entremise du serpent, de bons exemples, mais ils ont péchés, les uns par ignorance, l'autre par méchanceté et roublardise. Sommes-nous obligés e reproduire les mêmes schémas ? Non !

Pourtant, dans les services publics, les points de commerce et dans nos familles même, nous mettons un point d'honneur à profiter des autres ou des situations pour atteindre nos objectifs, pour accéder au plus vite, mais surtout avant le temps prévu du calandre divin, a ce niveau de vie inconnu qui nous échappe mais dont on pense avoir besoin dans un délai très bref.

D'accord, personne ne cracherait sur un peu d'aide, un coup de pouce ça et là donné pour avancer, mais pas au prix de la liberté des uns, de la vie des autres, de la dignité humaine, tout ceci circonscrit à un entourage toujours familier, car il concerne nos frères, nos collègues, nos voisins, nos camarades, nos subalternes, nos amis…

Et que pensons-nous avoir gagné? Que des ennuis, n'en doutons point. Même si la chèreté est une notion subjective, elle a les mêmes répercussions partout : le malheur, les larmes. Peu importe le temps que prendra une orange clonée, vendue comme ordinaire à des clients qui ignoraient tout de sa nature, et qui sera consommée par négligence ou erreur par son propriétaire ou sa progéniture, le fait est que ce sera retour à l'envoyeur, pour quelques francs grappillés avec joie et fierté à une période donnée ; ou une enveloppe payée à obtenir un diplôme, une place privilégiée dans un service particulier, un partenariat d'affaires, que l'on ne mérite ni du jour ni de la nuit, car à l'heure de la pratique, même la théorie ne sera pas assez douce pour afficher notre incompétence alors évidente et désormais connue de tous ; ou encore nous qui subtilisons des dossiers ou gardons pour nous des informations capitales pour empêcher les autres d'avancer, ou vendons nos charmes pour connaitre une ascension fulgurante. Sachons-le, leurs mérites seront découverts d'une manière ou d'une autre et nous crèverons aigris et malades de jalousie à ce poste ingrat que nous voulions fuir par méthode détournée ; l'instabilité socioprofessionnelle sera notre lot, le mépris de nous-mêmes notre manteau…

Tout ceci pour un pseudo curriculum vitae qui ne nous appartient pas, à l'aspect flatteur, aux détails alléchants… Pourquoi renier nos aptitudes, aussi moindre soient-elles, pour gagner des points à valeur limiter dans le temps ? Nous sommes capables de tellement mieux, quand nous voulons nous y mettre. Que la paresse et la frustration ne dominent pas notre esprit, car en tout temps ou presque, nous pouvons bien faire et éviter les pièges qui se présentent à nous comme des opportunités exceptionnelles. Accompagnons notre quotidien de la présence du Seigneur, et recherchons en lui l'intelligence et la sagesse qu'Il offre, pour ne pas sombrer dans l'insécurité de la chair. **Proverbe 10 : 9** dit ***«vivre dans l'intégrité, c'est vivre la sécurité. L'homme a la conduite tortueuse sera démasqué.»***

A bon lecteur…

Ingrid A.

La meilleure échelle…

Lorsqu'un enfant naît et grandit, il n'est encore conscient de rien, du moins spirituellement. Ses parents, son entourage proche et/ou éloigné, lui tiendront la main à cet effet et feront de lui une bonne ou mauvaise personne, tant extérieurement qu'intérieurement. Les valeurs qui lui seront inculquées auront une répercussion sur son agir avec ou contre les autres, mais aussi avec ou contre son Moi intérieur. Que lui enseigner donc à la base, si ce n'est l'humilité ? Car, à bien y réfléchir, nous sollicitons souvent les grâces de patience, de paix, de partage, etc., mais tout part de la conscience que nous avons de notre dénuement sans à présence de Christ dans notre vie, sans la connaissance de sa Parole.

En effet, lorsque nous ne réalisons pas notre perte, nous ne pouvons rien quêter de salvateur, nous sommes vides. Par contre, nous ne nous empêchons pas d'embrasser le monde et ses vices, ses tentations, c'est d'ailleurs à ca que renvoie notre faiblesse. Notre vulnérabilité spirituelle nous entraîne exactement sur les chemins de la perdition, là où nos actes, pensées et paroles ne reflètent pas la présence du Seigneur dans notre vie, là où nous nous croyons mieux lotis que les autres, dans notre erreur. A quoi cela nous sert-il de nous mesurer au monde? Que croyons-nous gagner en le faisant ? Qui pensons-nous être pour prétendre le faire ?

Personne, tenons-nous le pour dit ! Notre vanité nous pousse bien souvent à tomber dans les pièges de la fanfaronnade ou de la vantardise, lorsque malheureusement, nos pairs nous encensent un minimum. Malheureusement parce que d'une part nous en faisons mauvais usage, d'autre part, parce que nous

nous servons de leurs appréciations comme d'un mètre-étalon. Nous manquons alors de retenue, au moment même où nous devons nous recentrer sur nous-mêmes pour être meilleurs. Pas meilleur que la personne qui nous complimente ou meilleur à ses yeux, mais meilleur que ce que nous sommes, au quotidien, et ainsi de suite. Non pas que cela ne nous intéresserait guère, cependant nous serions au même point de départ, juste un être de chair pétris de péchés, qui aspirerait (ou non) à la félicité du royaume des cieux.

Nous avons effectivement la grâce de savoir où trouver les Saintes Ecritures, l'intelligence et la foi pour les comprendre, la largesse de les mettre en application et d'en faire un partage, en temps que vrai chrétien, dans le Christ. Bref, nous avons la possibilité de nous surpasser d'après l'échelle divine, et non humaine, Dieu surpassant toute humanité.

C'est également dans ce sens qu'Ernest Hemingway disait « *Il n'y a rien de noble à être supérieur à ses semblables ; la vraie noblesse est d'être supérieur à celui qu'on était.* » Car oui, après nous être comparé à l'Homme, que nous restera-t-il, nous mesurer à Dieu ? Hum ! Ce serait le comble…

La seule compétition que nous devons mener au quotidien est contre nous ; contre ce vieux monsieur qui est nous, soumis aux désirs et aux passions, et qui refuse de mourir, au profit de l'homme nouveau qui est ressuscité avec Christ et qui entrera dans le règne total et définitif.

Efforçons-nous de le tuer encore et toujours, chaque jour dépassons-le, chaque minute méprisons-le, et gagnons ce combat contre nous-mêmes et non contre les autres, car notre vie ne se détermine pas selon la terre, même si nous nous servons de ses réalités comme d'un canevas, un moyen par lequel nous devons poser des actes de bien, afin de parvenir jusqu'à la réalisation des desseins du Seigneur pour nous, ses enfants.

Ingrid A.

L'engagement…

Tant sur le plan de la responsabilité civile que sur le plan personnel, l'engagement peut se définir et permettre aux individus de trouver leurs repères, en fonction des domaines approchés, qui sont exhaustifs (professionnel, familial, amical, amoureux, etc.). Nous serons concernés, et à juste titre, par l'engagement amoureux.

Lorsque deux personnes décident d'unir leur vie pour toujours, en tout état de cause, ca n'a pas souvent l'air très compliqué dès le départ. C'est juste deux cœurs qui se sont trouvés des atomes crochus et essaient de cheminer au gré de leurs différentes émotions, des humeurs variantes, des expériences personnelles, de l'entourage proche et/ou lointain. Cela ne se passe pas toujours de la meilleure des manières, car nous pensons que ces points communs qui ne s'arrêtent que très souvent à l'attirance physique et aux considérations superficielles, sont suffisantes à sceller une union profonde et sincère. Nous mettons de côté l'apprentissage et l'écoute de l'autre, le dialogue complémentaire, qui dans le début de toute relation, permet d'assoir des bases, sinon inamovibles, au moins référentielles dans le but de rétablir certaines incompréhensions futures.

Dans cette continuité, nous apprenons à faire preuve de patience, à faire confiance à l'autre sinon nous vivons dans une prison psychique infernale car être soupçonneux n'aide ni notre couple, ni notre personne et tout ce que ca réussira à créer, c'est une paranoïa destructrice. Au bout de tout cela, nous avons les compromis ; en effet, deux natures, deux éducations, deux entités se font face et cohabitent désormais ensemble, et peu importe le degré de points convergents existants, il y'aura toujours des divergences, et cela ne doit nullement être un critère de découragement ou de séparation. Se mettre à la place de l'autre dans telle ou telle situation, permet de s'identifier quant à la décision à prendre et l'attitude à adopter avec objectivité au moment où nous y sommes confrontés, ainsi ***« Tout ce que vous voudriez que les autres fassent pour vous, faites-le pour eux».***

Cela ne veut pas dire qu'avec un canevas pareil nous sommes partis pour une relation à l'eau de rose, exempte de tout accrochage, caractérisée uniquement par le sourire, la réussite et la paix. La perfection n'est pas de ce monde… La compréhension permet d'atteindre dans la relation, un seuil de maturité constructive, qui nous encourage aux projets communs et donc, à l'engagement à proprement parlé. Nous sommes prêts, dans note tête et dans notre cœur, à accepter l'autre tel qu'il est, à lui pardonner des manquements et à passer à autre chose, à le respecter en dedans et en dehors, à l'accompagner comme partenaire gagnant dans la vie.

Rien n'est jamais acquis de toutes les façons, et du commencement jusqu'à l'engagement officiel, nous sommes soumis à une inconstance émotionnelle assez particulière. Entre l'amour fou initial, le piédestal sur lequel nous avons posé l'autre, les déceptions, l'impatience, les coups de gueule, le désespoir, entretenir la flamme demande la présence inconditionnelle de l'Eternel, sans lequel RIEN ne peut se faire, rien ne peut être. Nous confier en lui dès le soupçon d'une émotion embryonnaire, est le joker d'une relation vraie et viable.

Ingrid A.

Code éducation…

Il nous est certainement déjà arrivé de dire ou de penser d'une personne, adulte ou mineure, qu'elle est ''mal élevée''. Cette expression renvoie en général aux parents, qui auraient tout raté de l'éducation de leur enfant, et le résultat serait cette attitude pas très appréciée de son entourage.
Néanmoins, amputer systématiquement la responsabilité de ce comportement aux parents peut être une erreur de jugement et ce, pour plusieurs raisons.
Il est vrai que les parents sont la base de l'éducation. Le cocon familial participe du devenir d'un Homme, et assoit des valeurs qu'il développera tout au long de son parcours. Cependant l'école, les expériences (professionnelle, sociale, amicale, amoureuse), l'hérédité et les médias, constituent également des conducteurs, des formateurs et même des encadreurs très spéciaux, mais surtout très influents dans le processus de croissance et d'acquisition, d'apprentissage et d'intégration.
L'enfant lâché dans l'arène, entendue ici comme l'espace en dehors de la chaleur familiale, se retrouvera face à des inconnus, qui, plus tard deviendront une autre famille avec laquelle il partagera un peu plus que deux repas en moyenne, un toit, des conversations plus ou moins conventionnelles ; il tissera des liens, fera des projets, bref vivra sa vie avec ou sans nous.
Et à partir de ce moment, la responsabilité est partagée. Seulement, il ne s'agit plus de compter les points, mais de privilégier le bien-être de l'enfant, de lui prodiguer un enseignement adéquat.
La société est de plus en lus pétrie de vices, tout va dans tous les sens, et l'enfant ou le jeune ado, est un candidat idéal pour un détournement personnel ou au profit d'un groupe aux intentions peu louables. Alors, pour peu qu'il se sente en sécurité, que son attention soit attirée, sa curiosité aiguisée ou son intérêt éveillé, il vire de bord. Ca ne dépend plus d'aucun encadrement parfait ou approximatif, ce sont juste ses cellules qui parlent en lui, son ''moi'' intérieur qui veut s'épanouir, en dehors de toute restriction parentale, de toute idée reçue ou préconçue, de tout quadrillage familial ou social.
Et au moindre reproche, il se braque, se ferme et c'est l'escalade car, il s'éloigne davantage de ses parents. Mais comment regarder sans rien dire, quand ca va mal, quand nous relevons des signes avant-coureurs, quand nous le sentons s'échouer sur la mauvaise rive ? Comment cesser d'être des parents ? Et lorsqu'au lieu de se tourner vers nous, il va vers un tiers, souvent des personnes étrangères qui n'ont strictement rien à voir avec nous dans notre quotidien, nous, parents sommes désarçonnés, partagés entre la colère et le dépit. Déçus, nous revendiquons la paternité de son échec, de son éloignement, et nous nous

morfondons dans notre cœur. Nous pensons n'en avoir pas assez fait, nos culpabilisons de leur perdition ; normal ! Nous leur avons donné la vie et notre priorité est qu'il soit meilleur que nous.
Cependant, il est important, à partir du moment où notre petit décide ou pense qu'il est prêt à faire valoir son autonomie, qu'il se fasse son propre avis, voit de ses propres yeux, vive pleinement son expérience, mais surtout assume toute conséquence qui en découlerait et enfin, en ressorte grandi.
Dans ce processus d'auto indépendance, il est bon que nous l'accompagnions en tant qu'amis, confidents, mais surtout en tant que parents plein d'amour et prêts à communiquer, à comprendre sans juger, à guider.
Il n'y a pas de code parfait pour une éducation sans faille, ou un principe standard à appliquer sur les enfants, à partir du berceau. Il n'y a que des hommes et des femmes que nous sommes, prêts à fournir des efforts au quotidien, à nous ouvrir à toute aide disponible, à donner du meilleur de nous-mêmes pour construire une société telle que nous l'avons héritée de nos parents.

Ingrid A.

C'est encore possible…

Quand tout va sur des roulettes, nous n'avons aucune raison de nous en faire. Du moins, c'est ce que nous pensons. Alors, nous sommes loin du Seigneur, loin des inquiétudes, loin du stress, loin de la panique, bref nous croquons la vie à pleines dents, avec un profond sentiment de plénitude.

Sauf que tout peut s'écrouler du jour au lendemain, ou plutôt, TOUT s'écroule, et nous voilà seulement avec nos yeux pour pleurer. Nous nous morfondons des injustices que nous avons subies, des rêves brisés, des échecs cuisants vécus, et plongés dans la honte et le regret profond d'avoir délaissé le Seigneur. L'amour de notre entourage nous semble lointain, la solitude devient notre quotidien, le désespoir nous ronge petit à petit et nous mourons intérieurement, en proie à un vide immense. Pourtant nous avons le Seigneur.

Cela ne veut nécessairement dire qu'avec Lui, nous n'en n'aurions pas vécu ; cependant dans une moindre mesure - parce qu'il a tout créé, et même le malin pour le « jour du malheur », et celui-ci a déjà sa récompense-, ainsi sommes-nous restaurés dans le Sang et le Corps de Jésus-Christ, parce que nous croyons en sa parole, nous avons foi en Lui.

En effet, dans les tréfonds du gouffre ; dans la putréfaction la plus absolue mais irréelle de notre chair ; même si nous nous dégoutons de nous-mêmes, au moment où notre valeur humaine a perdu toute quintessence d'après notre appréciation limitée de la chose ; aigris, jaloux, dépités, nous pouvons lever la tête dans un sursaut d'orgueil et sortir de ces méandres terrestres, nous élevant dans la guérison spirituelle.

Oui ! C'est encore possible de relever les défis, de grandir par la croix de notre Sauveur Jésus-Christ, de retrouver le sourire, de remplacer les jours de lamentations par une vie de témoignages vivants, de distribuer l'amour autour de soi, d'obtenir au delà de ce qu'on a perdu, de rêver de nouveau, et en faisant la volonté de notre Père, d'être restaurés, justifiés, élevés, en Son temps, qui est le Temps Parfait. ***Même quand c'est pénible, rien n'est impossible,*** dit la chanson.

Non, rien n'est au dessus de l'Eternel, car il a créé toutes choses. Et celui qui croit en Lui, en sa Parole, est restauré par Lui et en Lui sur terre et dans l'éternité. Tomber, échouer, n'est pas une fatalité, mais rester sur le carreau, se laisser mourir, pourrait le devenir. Nous avons une grâce disponible en permanence, celle de faire appel à Celui qui peut TOUT dans notre vie selon que nous confessons notre chute ou notre ascension, en déposant humblement notre fardeau à ses pieds et de ne plus nous inquiéter de rien. Profitons-en pour vivre le miracle divin en Lui, Il n'attend que ce défi spirituel là pour se glorifier davantage en nous.

Notre Sauveur nous l'a dit : « demandons en son nom, afin que notre joie soit parfaite » ; ***Jn 16 :24***.

Ingrid A.

« Lève-toi et marche! »

A l'heure où tout va de travers, où le monde est comme en folie, nous semblons anéantis par les différentes catastrophes, le poids des soucis, des échecs, des besoins, des manques, des envies. Nous nous laissons abattre par ces circonstances tels les forçats illustrés dans les livres d'histoire, malheureux, mal fagotés, tristes, peinant sous les coups de leurs bourreaux, et chargés par le boulet de la détention.
Ainsi nous laissons –nous manipuler par le cours négatif de la vie, qui se joue de nous, nous riant au nez et s'assurant de notre déchéance, puis s'en allant prospecter au large, là où la terre est fertile et l'herbe verte, ou plutôt là où le chrétien est fragile et crédule, prêt à abandonner à la moindre contrariété, face aux éventuels obstacles, ou même, à une série d'incidents désobligeants, la vie n'étant pas un long fleuve tranquille. Une crédulité mal orientée, malheureusement. Car, alors que nous baissons la garde, éprouvons une sainte colère envers la terre entière mais spécialement envers le Seigneur, mettons

notre confiance en Satan, donc en ses fausses promesses, nous évoluons de suite dans la mauvaise direction. Nous plions pour finalement nous affaisser sur nos propres déconvenues, notre mémoire nous faisant subitement défaut.

Parce que oui, nous oublions très vite ! Nous oublions qu'il y'a un temps pour tout ***(Ecclésiaste 3 : 1-15),*** et parce que c'est ainsi, nous nous devons de garder la foi en Dieu et montrer toujours plus d'amour, tel notre Sauveur Jésus sur la croix ***(Lc 23 : 34)***, qui, au plus profond de son tourment, de sa douleur, priait encore pour ses persécuteurs. La Bible loue et recommande la patience comme un fruit de l'Esprit (***Galates 5 :22***), facile à éprouver tant que tout est paisible ; cependant ce fruit devrait être produit dans la vie de tous les disciples du Christ (***1 Thessaloniciens 5 : 14***), que nous sommes sensés ou appelés à être.

Nous oublions aussi cette promesse du Seigneur dans ***Romains 8 :28*** qui nous rappelle que « Toutes choses concourent au bien de ceux qui aiment Dieu, de ceux qui sont appelés selon son dessein ». Il sait ce dont nous avons besoin, en tout temps et en tout lieu ; notre patience devant toute irritation, notre persévérance à l'heure de l'épreuve telles que énoncés dans ***Co 1 :11***, nous fortifieront par/en Lui.

Laissons donc tomber tout charge, et confions la Lui, « *faisons lui connaitre nos besoins par des prières et des supplications avec des actions de grâce* » ou mieux, exprimons une confiance aveugle dans une foi inébranlable, en Celui qui sauve et guérit, comme ce paralytique à qui il a été demandé de se lever et de partir (***Mt 9 : 5***). Alors, laissons nos misères, nos inquiétudes, nos doutes et nos peurs à nos pieds et dans notre cœur charnel, redressons-nous tête haute, sûrs de la présence de Christ à nos côtés et marchons dans la plénitude du Seigneur. Il n'attend que cet abandon pour se glorifier éternellement en nous, pour nous montrer combien Il aime que nous soyions bien, pour que nous prenons conscience de ce que, aller vers Lui est juste la solution à tous nos problèmes ; « *Venez à moi, vous tous qui êtes fatigués et chargés et je vous donnerai du repos. Prenez mon joug sur vous et recevez mes instructions, car je suis doux et humble de cœur ; et vous trouverez le repos pour vos âmes. Car mon joug est doux, et mon fardeau léger » (Mathieu 11 :28-30).*

Ingrid A.

Ma langue, cette vipère !!!

La bonne éducation nous apprend « à n'ouvrir la bouche pour parler » que lorsque nous avons quelque chose de sensé à dire en public, et bien sûr, il est important de préciser qu'il faut attendre d'avoir la parole. Alors, autant en famille qu'ailleurs, nous nous devons de savoir nous tenir.

Cependant, nous tenir verbalement n'est pas une mince affaire. En effet, quel pourrait être la quintessence de nos propos? Parler librement et donner son avis ne nous exempte pas d'égard. Nous avons l'obligation morale de dire ce qui est, à la limite, la vérité telle qu'elle est, tant que la situation s'y prête. La sincérité qui les caractérisera, sera un baume quant à la possible dureté dont ils seront empreints ; car il est plus important d'être en accord avec soi-même que d'adopter une attitude plaisante et/ou hypocrite, ou pour passer les caprices des autres. Et ceux qui nous connaissent, ne souffriront que très peu de notre franchise, car ils savent que c'est la base de tout en tout.

Certains cependant, usent de leur faculté à savoir manier la langue pour flécher à tout vent, sans considération pour l'entourage, sans état d'âme. Comment dire les choses ? Oui, comment prendre la parole sans offenser nos interlocuteurs ? Parce que, même si nous devons être fidèles à nos principes, comme la transparence, avoir de la manière pour le faire ne peut produire que de bons résultats !

Pourquoi user de ce petit muscle à des choses venimeuses ? Pourquoi détruire au lieu de construire, diviser au lieu de rassembler ? Pourquoi concentrer notre intelligence à semer la zizanie alors que nous sommes capables de courtoisie, d'amitié, de sympathie, de tendresse, de charité… Pourquoi choisir de blesser alors que nous pouvons faire autrement ? Nous négligeons trop souvent les répercussions qu'occasionnent nos interventions intempestives et brutales ; c'est dit et "basta"! Comme il est écrit dans **Jacques 3 :5** « *De même, la langue est un petit membre, et elle se vante de grandes choses. Voici, comme un petit feu peut embraser une grande forêt.* », faire attention aux conséquences de nos paroles devrait être une priorité dans nos échanges.

Parce que généralement, ce qui fait souffrir, c'est l'humiliation subie et ressentie à s'entendre dire les choses avec agressivité, dédain, mépris ou désinvolture ; notre satisfaction ne peut et ne doit venir de la meurtrissure des autres, surtout si nous en avons conscience, alors que la douceur existe et ne compte pas que pour les animaux. Et puis vient le regret… « *Que ne peut-on ramasser les paroles qui ont traversé le seuil de nos lèvres* » ! Eh oui ! Quand c'est dit, il n'y a plus moyen de rattraper la bourde. Le mal est fait et c'est dommage, parce que l'éviter aurait été plus facile ; nous connaissons notre milieu, ses limites et nous avons appris à vivre avec lui. Nous savons donc quel pouvoir aura notre fiel ou notre miel... C'est d'ailleurs dans ce sens que le Seigneur compare *la langue au feu car l'un et l'autre sont de bons serviteurs mais de mauvais maîtres. Ils ont des débuts insignifiants et des résultats catastrophiques.*

Même s'il est vrai que la subtilité varie d'une personne à une autre, nous devons cultiver de la délicatesse quant à notre façon de nous adresser à notre vis-à-vis. La vérité ne saurait être en option, car même si elle fait mal si ca arrive, elle en ferait certainement moins que de la truquer ; cependant, l'accompagner de respect et de discrétion, serait juste parfait.

Ingrid A.

Sur le chemin du service…

Chacun de nous a déjà vécu ou a été marqué par une expérience telle qu'un parent, un ami ou un collègue, aura caché l'accès à une opportunité, une information. Souvent loin d'en être la victime, nous sommes aussi comptés parmi les acteurs principaux de cette mascarade.

Il faut dire qu'au moment où l'acte est posé, il est singulièrement motivé par de l'égoïsme, de la méchanceté ou de la jalousie. Et hypocritement, nous simulons une compassion faciale que nous sommes loin évidemment loin de ressentir. Traitres ! Nous pensons certainement conserver notre filon pour nous et en bénéficier seuls. Faux ! Peu importe les manipulations effectuées, '***un bien mal acquis ne profite jamais***', quelle que soit sa nature.

Des exemples si anodins où pourtant nous dissimulons, jugeons mal les besoins des autres ou les minimisons tranquillement, au profit de nos caprices, de nos envies démesurées, de notre orgueil mal placé. Tant que nous ne sommes pas concernés, nous avons des excuses toutes trouvées (et de très bonnes !), et la question est réglée.

Malheureusement, à quoi cela nous sert-il d'avoir plein d'opportunités, si c'est pour n'en profiter que tout seul ? D'accord, nous serons en plein dedans, et après ! Nous pourrons nous en vanter, parader en parler avec un naturel naïf, à un entourage qi navigue à vue et cherche au jugé un échantillon d'info constructive.

Dans nos services publics, c'est régulièrement le cas ; nous sommes confrontés à des personnes qui ne manifestent à notre endroit que de l'exaspération, pour un travail qui fait partie de leurs prérogatives. Misère ! Que faut-il faire dans ces cas là pour éviter d'être taxé d'impertinent et surtout de voir son objectif atteint ? Rester positif, ne pas dramatiser et se convaincre qu'il n'y a pas que de la mauvaise graine alentour… Plus simple, à la maison, comment se gèrent les commissions ? Acceptons-nous de bonne grâce d'apporter un verre d'eau à qui en a besoin ? De ramener une course ou de laisser un message sur le trajet à un destinataire imprévu ; indiquons-nous le chemin ou renseignons-nous des passants, sans montrer un peu d'agacement ? Deux minutes de notre précieux temps à donner du sourire "*Une heure de services rendus vaut mieux qu'un siècle d'oraisons*"…

Pourtant rendre service à l'autre nous permet de nous découvrir ; de renaitre en une nouvelle personne prête à donner sans rien attendre en retour. C'est se faire plaisir ; comment ? La satisfaction de voir l'autre s'épanouir avec spontanéité en étant précédemment désespéré, triste et insatisfait de son sort. C'est aussi apprendre à notre vis-à-vis le don de soi : « ***Rendre souvent service aux autres, c'est leur apprendre à en rendre.*** » (*Publilius Syrius*); c'est également apprendre des autres ; c'est découvrir ses limites, se surpasser en dépassant, ou plus, en faisant abstraction de ses frustrations, si elles existent "***Aucun service ne se perd***", dit-on…

Nous sommes **tous** concernés (enfants, adultes, parents). Et plus important encore, prendre conscience que le chemin du service est pavé de grâces innombrables et immatérielles, le coup de pouce divin. Il est bien que l'on s'imprègne de ce processus du service à rendre, car chacun y trouvera **toujours** son compte (avant, pendant ou après), surtout quand celui-ci est fait avec générosité, sans calcul, sans intérêt particulier si ce n'est celui de juste rendre service ; ne pas réfléchir au mérite du bénéficiaire. ***Plaute*** ajoutait dans ce sens : « ***Les honnêtes gens savent toujours apprécier les services qu'on leur rend*** ».

Ingrid A.

Reconstruction…

Par définition, la reconstruction signifie construire de nouveau, restituer ce qui a été détruit, revenir à l'initial solide. Plus encore, cela signifie avoir une nouvelle chance, une opportunité supplémentaire de se refaire ou de s'établir, matériellement, physiquement, ou psychologiquement. C'est d'ailleurs ce dernier qui est le pus compliqué, et surtout le plus dangereux.

Pourquoi en parler d'ailleurs ? Il se trouve qu'au moins une fois dans notre vie, nous connaissons une déception. Peu importe sa nature, notre position, notre âge, ethnie, etc. Une chute émotionnelle qui nous affecte au plus haut point, plus qu'on aurait voulu en fait. Mais bon, maitriser ses émotions à 100% relève de l'impossible, n'est ce pas ! Nous sommes juste des êtres de chair et de sang, faibles et subjectifs face aux situations qui nous ramènent brutalement à la réalité ; une réalité qu'on a du mal à intégrer, après un idéal déconfit.

Une déconfiture très complexe à vivre effectivement. Pourquoi ? Notre univers ne peut pas carburer avec une seule planète, en l'occurrence "nous". Il est impératif que d'autres satellites gravitent autour ; ce qui implique échanges, collaborations, conflits, amour, projets, etc. Cela constitue un ensemble riche, complémentaire et constructif, très diversifié dans sa nature, dans ses expériences ou dans ses attitudes. Celles-ci font que nous nous fermons à tout désagrément qui pourrait survenir, comme si nous évoluions dans un monde parfait, un monde de bisounours. Il est donc, dans notre esprit, inconcevable qu'une irrégularité, un manque de respect, une insolence, un malentendu, vienne tout fausser ; que ce monde si carré et auquel nous avons accordé toute notre attention, notre affection, notre intérêt, soit en train de voler en éclats, et de quelle manière ! Oui, on a du mal et on a mal, vraiment mal!

Cependant, il faut partir d'un nouveau pied. Des pas lents, lourds, coupables de notre naïveté, du moins nous le pensons si fort que nous le communiquons à tout notre être ; notre entourage finit par s'en imprégner ; mais il faut quand même repartir. S'accorder la grâce de prétendre à une nouvelle positivité, projeter un rétablissement de son "moi intérieur" qui automatiquement rejaillira sur le "moi extérieur". La déception nous détourne du pragmatisme, mais ne devrait en aucun cas nous dominer.

Pour cela, il faut accepter la douleur ; prendre conscience que ce que nous avons vécu n'est en rien un montage, mais surtout que ce n'est pas un échec. Comment !?! Mais bien sûr que ca n'en est pas un! Au contraire ! C'est une expérience qui nous permet de mieux connaitre notre environnement, le cerner et l'appréhender avec davantage d'objectivité. Ce qui ne tue en rien la beauté ou la richesse de la relation, car entre personnes intelligentes (ou moins intelligentes…), nous savons faire la part des choses ; prioriser le bien communautaire sur l'intérêt égoïste de la minorité; s'ouvrir à la critique et en faire un produit d'apprentissage. C'est enfin n'éprouver aucun regret pour les actes posés, les émotions ressenties, le temps accordé ou l'intérêt porté avant la chute libre.

Notre parachute psychologique n'a pas de trou, rassurons-nous. De légers balancements dûs aux courants d'air conflictuels, mais rien de l'autre monde que nous ne puissions gérer, régler, manager ou surmonter. Après un recul stratégique, recentrons-nous sur nos objectifs, nos rêves ; sur les motivations qui nous ont orientées vers un sens ou vers un autre. Il ne sert à rien de vouloir se séparer définitivement de cet univers qui participe au final de notre maturité sociale, de notre épanouissement personnel, paradoxalement à ce qui se laisserait percevoir, principalement quand le retour dans les rangs s'est effectué sans grosse perte, ou sans perte du tout.

Partir reviendrait à renier un passé rempli du meilleur, superbement construit et édifié à force de principes et de valeurs, à 95% partagés ; ce serait s'exposer aux coups extérieurs, se rendre vulnérable face aux attaques des prédateurs de dépressifs solitaires.

D'accord il y a eu déception ! Mais grandir face à elle, entouré de ceux qui, malgré les erreurs, les malentendus, les maladresses, les excès, nous respectent et nous aiment, est le meilleur moyen de la combattre ; « ***La vie c'est des étapes… La plus douce c'est l'amour… La plus dure c'est la séparation… La plus pénible c'est les adieux… La plus belle c'est les retrouvailles.*** »

Ingrid A.

Dans un coin de ma cour…

Dan un coin de ma cour… Le meilleur endroit d'ailleurs, le centre ! Se tiendra dans les prochains jours, très majestueusement, la statue de notre Seigneur et Sauveur Jésus-Christ.

Quelle idée ! Le Père Curé Fotsing n'en tarit pas pour faire vivre sa paroisse. Disons-nous bien une chose, que la statue, au final, soit aspergée par des jets qui se ramasseront en un petit lac, n'est pas le fruit du hasard ; mais surtout, c'est une vision qui tombe sous le sens de notre dénomination : le baptême de Jésus!

Nous pourrions croire qu'un groupe d'environ dix travailleurs gravitant autant d'un aussi minuscule chantier, c'est assez et peut être même superflu. Que nenni ! Comme dans un atelier, chaque pièce et outil comptent ; ainsi, chaque homme, contribuant à la construction de cet édifice, marque la vie de sa signature unique. Notre contribution, tant spirituelle que matérielle, est une aide infiniment précieuse pour ces ouvriers qui se sont courageusement mis au service du Seigneur, en dehors du contrat qui les lie à leur entreprise. Une parole d'encouragement, un bout de pain, une bouteille d'eau, seront représentative de notre intérêt, de notre reconnaissance et acceptation, et de notre mise à la pâte, dans ce montage plus que laborieux ; mieux, une participation sentimentale.

Les graines semées doivent produire le fruit attendu, malgré les ronces et les épines. Comme tous les projets que le Père Bertrand monte, voila un nouveau né dont nous devrons prendre soin avec une intensité proportionnelle à ce qu'il représentera. Nous prions pour que le projet soit mené jusqu'à son terme, malgré les imprévus et les grosses pluies qui nous font encore la surprise de leur présence en ce mois de novembre déjà bien avancé.

Décembre nous accueillera en beauté, car cette présence que nous matérialisons, est à nous, paroissiens, mais aussi chrétiens d'ailleurs, visiteurs ; et fait déjà notre joie.

Dans un coin de notre très belle cour, il y'aura un monument, c'est **nous** qui le semons !!!

Ingrid A.

L'ouragan Telenovelas…

Les États-Unis ont Hollywood ; l'Inde, Bollywood et l'Amérique latine, Telenovelas, le dernier chouchou du public, plus que varié, camerounais. Ca va effectivement faire cinq ans que les mises en scène télévisées (télé) de romances écrites (nouvelles), d'où le nom Telenovelas (d'origine mexicaine), font vibrer les ménages, les espaces publics, privés.

Très prisées, les séries proposées font la pluie et le beau temps, et changent même (ou plutôt les détraquent) nos habitudes quotidiennes. Hommes, femmes et enfants, âges indiqués ou pas, statuts et positions sociales divers, chœurs ou travailleurs, sommes scotchés devant le petit écran (ou peu importe), absorbés par ces scénarii plus que moins attrayants.

En effet, nous regardons sans chercher à savoir de quoi il est question. Ce qui nous intéresse est plutôt basique : l'intrigue, les tenues vestimentaires, la beauté des acteurs, etc., bref, notre concentration superficielle ne dure que l'instant d'un épisode, pour ensuite la porter sur le prochain épisode de la série suivante, et ainsi de suite.

Cependant, cette chaine a un tout autre impact sur son continent d'origine. En réalité, les séries diffusées participent de l'éducation de la population en général et des jeunes en particuliers, et ce, dans tous les domaines. Avec un double rôle socioculturel, Telenovelas sert d'équilibre dans une société où les jeunes grandissent avec une idée biaisée de la réussite. Le succès s'apparenterait à la "réfection" chirurgicale totale de son corps, des muscles et de la peau sur les os avec des atouts saillants ici et là ; la consommation et la distribution des drogues ; l'intégration des crimes organisés ; la direction de maisons closes, la prostitution; etc. ce qui semble très naturel pour ceux qui s'y sont résignés et ceux qui ont la main mise. Toutes ces facilités (non moins difficiles !!!) constituent le meilleur moyen pour faire partir de la haute, une minorité dominatrice dans une société pauvre, brimée et frustrée par le système, violente, en colère…

C'est dans le but évident de faire bouger les choses, changer les mentalités, susciter un éveil des consciences, opérer en électrochocs, que ces différentes séries sont produites et cela, en cascade. Abordant tour à tour des idées qu'elles développent dans une intrigue bien ficelée, mais surtout en posant le doigt là où ca fait mal, ressortant ainsi les aspects les plus noirs et les résultats tragiques y afférents. Cet éducateur audiovisuel ne fait pas que présenter les mauvais cotés, mais aussi prône des valeurs telles que l'amour, le respect, la justice, l'égalité. Il contribue également au développement intellectuel de sa population, qui devient avec le temps plus ouverte, tolérante, moins gangrénée et plus travailleuse (plus débrouillarde)…

Pour le public latino, ce n'est pas que de la distraction à répétition, c'est tout un cours, une formation. Et même si ce n'est pas approuvé à l'unanimité (c'est impossible de satisfaire tout le monde…), pour bien montrer l'importance de cette chaîne et des animations qu'elle propose, et principalement de la comprendre, elle a été intégrée au programme scolaire et est dispensée en classe (secondaire et universitaire).

Fini le cinéma ingrat, d'où l'on ressortait groggy, les yeux brillants et la bouche en cœur, tellement on était plein de phrases romantiques ; ou au contraire l'œillade humide et timide, honteux d'avoir pleuré pour un scénario (rien que ça !), et en rogne après un des acteurs (le méchant !). Fini les enfants qui regardent un programme non autorisé avec les adultes, parce qu'il n'est ni signalé, ni codé. Fini les casseroles calcinées et les heures d'étude bâclées… Tout a été prévu afin que vous en ayez pour vos frais de câble, car les nouveaux épisodes ne passent que dans un seul intervalle : 17h-21h. Le reste du temps est réservé à la **rediffusion**, donc le bourrage visuel n'est pas nécessaire (Merci !); mais surtout, il existe **d'autres** programmes plus intéressants (informations, dessins animés, documentaires, jeux, etc.), même si les goûts et les couleurs ne se discutent pas ; mais pour le coup, Telenovelas a mis tout le monde d'accord (INCROYABLE) !

Désormais, profitons de nos séries avec intelligence. Telenovelas ne doit pas faire que des ravages, alors essayons d'en faire un ouragan positif pour les petites heures que ca nous demandent. Apprenons de la culture et de la géographie des autres, surtout des relations humaines et du respect de l'autre, et enfin de la confiance que nous mettons dans l'être humain.

Ingrid A.

Renaissance

Tout comme avec un projet, lorsque se profile à l'horizon la nouvelle année, nous n'avons de cesse de faire des plans sur la comète, sans grande conviction ou avec passion, selon que celle en cours soit marquée de positivité ou de négativité.

Ce projet, nous le portons comme un bébé qui viendrait à naitre. De la prévision à l'ébauche, nous passons tous les détails au crible de notre imagination, de notre volonté, mais surtout, nous souhaitons accomplir une réalisation parfaite. Tant qu'il n'est pas concret, nous le dessinons, le modifions, l'arrangeons, le changeons, le pensons, le critiquons, le réarrangeons à notre guise et dans notre tête. Nous sourions déjà de plaisir d'un succès prochain, motives comme pas deux et prêts à déplacer des montagnes, tant, il a l'air de nous tenir à cœur. Cependant, aussi méticuleux que nous pourrions l'être, nous n'arrivons toujours à nos fins que partiellement, peu importe le pourcentage, il n'est jamais de 100%. Pas parce que nous sommes des incapables, ou que nous n'aurions pas pensé à tout, car il est évident que nous ne pouvons tout prévoir.

La vérité est que, d'une part, nous ne sommes jamais stables dans nos choix, ils varient en fonction des réalités ponctuelles que nous vivons, et qui sont la plupart du temps, une perception faussée de nos envies et donc, non vitales. Mais nous nous y accrochons, bon gré, mal gré, en espérant très fort que ca marche. Ne dit on pas que ''l'espoir fait vivre''... D'autre part, cela dépasse notre entendement. Il est impossible à une entité humaine de se projeter avec exactitude dans le temps et d'en rester fidèle ; c'est dans ces moments là qu'il est impératif de ne pas jouer les ''superman et wonderwoman'' du spiritisme et d'en appeler à la seule aide qui soit d'autorité, le Seigneur !

A l'heure du bilan, nous regrettons souvent un certain nombre d'actes, de pensées, de mots. Nous déplorons des situations passées au cours desquelles nous avons sollicité secrètement une seconde chance pour tout aplanir et repartir d'un nouveau pied. Mais c'est déjà fait et nous n'y pourrions plus grand-chose. Ou plutôt si ! Ne pas nous laisser distraire de nos nouvelles résolutions, qui cette fois, sont accompagnées et renforcées par la Miséricorde Divine. Il ne tient qu' à nous d'envoyer bouler toute barrière à notre épanouissement spirituel, celui-là même qui entrainera le total épanouissement de notre être.

La nouvelle année se présente donc comme un chantier immatériel. Là, doit être montée une nouvelle demeure construite en dur, et non avec du sable. Le sable de nos faiblesses, de nos inconstances, de nos doutes, de nos frayeurs, de nos manquements. Prenons sur nous de rencontrer l'entrepreneur le moins couteux en cet ''unique berger'' qu'est notre Saint Père, et profitons des soldes permanentes qu'il consent à l'année sur des parpaings sortis de moules de confiance, d'amour, de pardon, de partage ; des tuiles de secours, de générosité ; des piliers de soutien, de recueil ; de la peinture de sérénité, de joie, de plénitude, de satisfaction et une main-d'œuvre tirée d'un lot spécial de construction, la gratuité et la patience.

Comme le phœnix, 2016 nous offre de renaître de nos cendres, et de nous ouvrir aux possibilités futures ; mais surtout d'être meilleur que ce nous avons été toute l'année précédente écoulée.

Que cette année 2016 soit noyée dans le sang béni du Christ pour chacun d'entre nous, et que l'Amour, la Générosité, le Pardon soient notre partage.

Ingrid A.

Une visite riche en émotions

Au soir du dimanche 26 Juin 2016, une pluie d'autorité s'abat sur la place bénie de la Paroisse du Baptême de l'Enfant Jésus et Saint Ambroise de la cité verte : la journée est finie, laborieuse et excitante. Qu'est ce qui a fait d'elle une journée aussi spéciale ?

Revenons au matin dudit jour. Notre enceinte grouille de monde. Le programme des messes est resté le même à une exception près, la messe spéciale de 14h, témoin de la cérémonie des ''vœux perpétuels des Sœurs Carmélites'', (Elisabeth WANJIKU, Elia RAMANATENASOA, Lucy WANGARI, Clarisse EPEPE, Clarisse MANGONGO, Claudine MUKWEGE), venues de par le monde. Dans la cour, nous notons la présence des plus remarquables du chef des ''Colombiens'', assisté d'un des leurs, dans une exposition de produits artisanales faits à base de matériaux de secondes mains (fil à coudre, fil de laine, tissu de laine déjà utilisé, sac de toile etc.), le tout harmonisé sur plusieurs tableaux, leur donnant tour à tour des formes, des visages, et très ressemblants d'ailleurs ; et d'autres objets tels que des vêtements (chandails), des sacs, des bracelets et des sandales. Souriants et avenants, ils accueillaient volontiers les curieux, potentiels clients ou non, qui posaient toute sorte de question. Mais ce n'était que le début des réjouissances.

En effet, nous étions pour la troisième et symbolique fois, gratifiés de la présence de Monseigneur Jean MBARGA, en personne. Archevêque de Yaoundé, malgré son emploi de temps fourni et ses services très sollicités, a respecté son engagement de partage avec notre communauté en présidant l'eucharistie du jour.

Celle-ci a commencé par l'entrée des Sœurs Professes, entourées de leurs parrains et marraines, parents d'adoption pour la plupart ; les frères carmes, les sœurs carmélites et les prêtres concélébrants, les enfants de cœur vêtus de leurs nouvelles tenues, puis l'Archevêque, dans une ambiance douce de notes en langue lingala. Après le mot de bienvenue de Mr. Sol, le discours clair et concis de Mr. Emah Basile Junior sur le rôle essentiel de chaque communauté religieuse, la cérémonie proprement dite de présentation des vœux des Sœurs Carmélites a débuté par l'Appel des Sœurs Professes, par la Déléguée Supérieure, représentante de la Sœur Supérieure. Elles y répondaient alors par un « Tu m'as appelé, Seigneur, Me voici !», et, entourée chacune par leurs parrains et marraines, gagnaient l'avant de la chapelle, face à l'autel, pour vivre le Seigneur de près et éternellement.

Mgr. Jean MBARGA a, comme à des enfants affamés, distribué du pain céleste en nous édifiant de son enseignement. Abordant les questions de l'engagement, de la radicalité de l'Appel du Seigneur à le suivre, il a tenu à nous expliquer en quoi consistait la cérémonie à laquelle nous allions tous assister : un engagement à faire ou être quelque chose, dans la foi du Christ, pour toujours. De sa voix paisible, en des termes simples et pourtant riches, et s'inspirant de l'Evangile, il a clairement démontré de nombreux aspects, négligés du chrétien d'aujourd'hui, tels la place prioritaire que tient le Seigneur dans notre vie, le temps que nous Lui consacrons, la qualité de la relation qui nous lie à Lui, et notre conception de la chrétienneté. Une sensibilisation quant à aux pièges de la vie terrestre et à notre manière de vivre notre foi, dans le modèle de l'engagement « je me fais dans la communion avec Dieu, avec le Christ, avec la Sainte Trinité », ce qui conduit à la divinisation de l'homme. Ceci n'est certainement pas la négation de la chose terrestre, mais une réinterprétation à la vie divine. Tout en concluant son propos, il a demandé à l'assemblée présente, de s'identifier à la démarche des Sœurs Professes, dont la justesse, mais surtout l'abandon au Seigneur, n'est pas exceptionnel en ceci que ca devrait être une initiative spontanée pour chacun de nous ; et surtout de vivre pour ne faire que le bien, à l'exemple de Jésus-Christ.

L'interrogation aux Sœurs Professes a fait suite à cette homélie d'une grande sagesse ; celles-ci ont répondu fermement « Oui, je le veux ! ». Ensuite, pendant la litanie des Saints, prononcée en latin pour la circonstance, il leur a été imposé de se prosterner sur des nattes, en signe d'allégeance au Seigneur. La bénédiction et les félicitations de l'Archevêque, les « youyou » de la famille carmélitaine, des parents adoptifs présents, des chrétiens ont sanctionné l'émission des vœux de chaque Sœur, certifiée par leur signature et cosignée par la Déléguée des Sœurs.

Il leur a été remis les insignes de la profession :

- Les Constitutions qui représentent les normes de vie de leur famille religieuse.
- La Croix, signe d'attachement du Christ crucifié, mort et ressuscité pour leur salut quelle doit porter chaque jour comme épouse fidele du Roi ;

- La Bible, dans laquelle elles y puiseront la parole de vie, pour elles – mêmes et pour ceux vers qui elles seront envoyées.

Dans la procession des offrandes, nous notons le pain et le vin qui expriment leur désir d'unir le sacrifice d'elles-mêmes à celui de Christ ; l'encens symbolisant le désir de faire monter leurs prières quotidiennement à Dieu en lui offrant les besoins de l'Eglise « Dieu et le prochain » ; le scapulaire (vêtement à capuchon) qui montre qu'elles acceptent de se mettre sous la protection du manteau de la Vierge Marie, dame du Mont Carmel ; le globe terrestre, symbole de la terre, qui exprime ainsi leur désir et leur disponibilité d'aller partout où elles seront envoyées, dans le monde entier, pour la cause de l'Evangile ; les fruits demandés au Seigneur pour qu'elles les portent, partout où elles seront envoyées, et que ces fruits demeurent pour la gloire du Père. Ainsi armées, voilà nos Sœurs carmélites accueillies dans la grande famille des carmélitains, prêtes pour la «grâce missionnaire » qu'elles reçoivent à l'instant où elles consacrent leur vie pour toujours au Seigneur. Par ailleurs, les communautés (Miséricorde divine, bamiléké) en ont profité pour y apporté du leur ; et la ''Colombie'' de créer la surprise par un cadeau parfaitement inattendu, le portrait tissé de l'Archevêque de Yaoundé !

Empreints d'amour, de gratitude et de fierté, les mots prononcés par Mr. et Mme. Ottou, représentants de toutes les familles réunies, étaient adressés aux Sœurs nouvellement consacrées, aux amis et à tous les autres chrétiens. Le Père Curé, hôte discret et attentionné, prononça également quelques mots, laissant une place rapide aux voix cristallines de Stéphanie et Ginette pour un titre prisé « j'irai », avant la bénédiction finale de Mgr Jean MBARGA.

Avant de rejoindre la ravissante table dressée en l'honneur de ce dernier, dans la grande salle des fêtes Jean ZOA, mais aussi pour et par nos Sœurs, désormais sereines, le feuillet imaginaire de leur destinée en main, l'inauguration du clocher a été faite, de manière officielle.

Nous retiendrons de cette visite, que l'amour, est le seul sentiment noble qui doive unir, être pratiqué et motiver le combat d'un chrétien avéré. Notre vie, telle que vécue, sera d'une grande plénitude, car comme l'a dit notre éminent invité « il vaut mieux faire du bien autour de soi que des bénéfices », ainsi l'empreinte que nous laissons derrière nous est réelle et témoigne de ce que notre vie sur terre, aura été telle que le Seigneur Jésus l'aura prescrite, la continuité de sa mission pendant que Lui, il prépare nos places.

Ingrid A.

Famille : l'inceste

La vitrine d'une famille reflète en général tout ce qu'il y'a de calme, d'harmonieux, de paisible. Aucune fissure du cocon familial, aux yeux du monde, ne doit être exposée, car elle fragiliserait son équilibre, quitte à ce que cet équilibre destabilise l'un des membres de la famille.

En effet, nous vivons désormais dans une société où la forme prime sur le fond, au point d'influencer la base même d'où elle nait, celle sans qui elle ne serait plus qu'une société muette et fade, pleine d'Hommes sans valeurs, sans principes. Ainsi, certaines de nos familles sont contaminées par le virus de l'apparence, et vont jusqu'à sacrifier le bien-être des leurs, pour préserver les maux qui minent leur intimité. Celle-ci est souillée de l'intérieur, par des acteurs sournois, vicieux, peut-être d'anciennes victimes (ceci n'excusant pas cela), mais pire, qui s'attaquent aux proches, au nom de convictions personnelles macabres (rites, vices, méchanceté, etc.).

Ces maux protègent le coupable, celui qui commet des forfaits et n'est point inquiété, ni par la victime, ni par la famille, ni par le ministère public. Notre parent (frère, oncle, cousin, père) est un délinquant incestueux, qui ne tire son plaisir que dans la douleur de l'autre, dans un acte sexuel interdit avec son proche parent ; mais chuuuuuut… Il ne faut rien dire, sinon cela nuirait, non pas à la victime, à la pauvre proie qui ne sait à quel saint se vouer, mais à la sacrosainte image que l'on voudrait donner du ''cocon parfait''.

Faisons-nous preuve d'amour à ce moment là, ou bien c'est le trop plein d'affection qui se transforme en égocentrisme acharné, lâche et injuste ? A quel moment avons-nous cessé d'être des êtres sans sensibilité aucune, accrochés aux valeurs vides de toute morale. Pour couvrir tous les préjudices causés par un seul membre de notre bloc, nous sacrifions donc une vie. Nous nous intéressons si peu à ses émotions, et quand c'est le cas, nous lui en voulons d'avoir été là, pour que le mal soit mis en exergue. Oui !!! Pauvre proie, coupable d'avoir été présente au mauvais endroit au mauvais moment… Et dommage que ce soit malheureusement celle-ci qui paie pour notre manque de personnalité.

Nous montrons notre sœur/cousine/tante/ mère, du doigt et la rendons coupable d'un acte pour lequel elle n'a nullement consenti ; elle doit se taire parce qu'elle reçoit des promesses de bastonnades légendaires, de fausses accusations (la première à avoir séduit), des menaces même (la cadette pourrait subir le même sort), bref, elle n'a pas de paix, elle est détruite de l'intérieur, désormais incapable d'affection, de confiance aussi, envers les personnes qui l'aiment, pendant que ladite famille reste ''soudée, tranquille''.

Nous ne la choisissons malheureusement ou heureusement pas. Sinon il y en aurait de désertes, tellement il n'y ferait pas bon vivre à cause de leurs petites manies pernicieuses. Il ne s'agit pas de divulguer des informations de part et d'autre dans la famille ou en dehors pour semer le trouble, diviser ou fragiliser, mais plutôt d'en parler pour crever l'abcès, résoudre le problème de base, réconforter les blessés et dissiper les malaises. Arrêtons de rejeter la faute sur le plus faible, celui-ci a besoin que nous fassions valoir ses droits, que nous entendions sa voix, son cri. La famille n'en sera pas une si en son sein, elle conserve et protège celui qui la corrompt, malgré toutes les apparences que nous voudrons jeter à la face du monde. Souvenons-nous de la trahison que nous imposons à une innocente et sachons que tout finit toujours par se savoir…

Ingrid A.

Aurevoir Très Cher…

Qu'est ce que la mort ? Un aurevoir ? Un départ ? Quoi ? Nous, vivants, n'en savons rien. Et nous chrétiens !!!

Est-ce tant la mort qui importe d'ailleurs ? N'est ce pas plutôt la vie avant la mort qui devrait focaliser notre attention… La parabole du riche vêtu de pourpre et de fin lin et du pauvre Lazare, recouvert d'ulcères qui attendait de se nourrir des miettes tombées de table (***Luc 16 :19-31***), nous présente deux hommes dont leur seule ressemblance est leur genre. Comment peut-on être aussi différent tout en étant du même genre ? L'un pauvre, nécessiteux, malade et l'autre riche, nanti, bonne santé et surtout indifférent à la décrépitude de son entourage. Le fait est qu'il faut de tout pour faire un monde. L'un mourut de ses plaies et de sa condition, ce qui dans un sens, est logique. Mais l'autre !!! Devait-il aussi trépasser ? Et c'est là, notre première leçon : tout le monde y passe. Miséreux, pauvre, moins pauvre, pas riche, modeste, riche, richissime. TOUT le monde sans exception !!! Notre condition sociale n'est ni un laissez-passer, ni une barrière au départ dans l'au-delà, car nous sommes morts lorsque nous sommes venus au monde. Ce n'est ni une punition, ni un mérite, car morts, notre influence sur le temps et l'espace n'est plus efficiente. C'est une réalité simple et compliquée à la fois, de par son mystère et sa radicalité.

Oui! Pas moyen de s'y soustraire. Elle frappe et continue son chemin, imperturbable, nous laissant au contraire, très perturbés. Mais qu'est ce qui en réalité nous mine? C'est peut-être de ne pas comprendre que le Seigneur permette ce départ, qui, IL le sait d'avance, crée un manque et une douleur indescriptibles en nous. Le Très-Haut nous prend notre parent, frère, ami, voisin, sans autre forme de procès, et IL reste le seul vers qui nous pouvons nous tourner pour atténuer notre chagrin, car LUI seul sait pourquoi, comment. La colère, le ressentiment, la querelle ne servent à rien face à cet évènement qui pour nous reste et demeure une tragédie. Nous, êtres faits de chair...

C'est celle-là même qui est notre talon d'Achille. La brèche qui permet à la faiblesse, au doute, à la méchanceté, à la vanité de se frayer un chemin aussi large que dure notre malheureuse vie de pécheur sur terre, pendant laquelle nous oublions que nous devons commencer à bâtir notre Eden pour un jour avoir part à la vie éternelle dans la plénitude céleste et angélique.
Nous avons pourtant tout à notre disposition : les dix commandements et les représentants de Dieu sur terre pour nous les enseigner. Les comprendre, les assimiler, nous en imprégner, en faire un mode de vie, nous y tenir, et à nous le jack pot de la vie éternelle. Même si la perfection n'est pas de ce monde, y aspirer aura le mérite d'être remarqué par notre Souverain, qui prendra des dispositions pour nous y aider immanquablement. Nos anges gardiens, nos prières, nos confessions, nos recueillements, nos attitude positives et constructives, sont les différents canaux qui nous ouvrirons toutes les portes réservées aux enfants du Dieu vivant.

Que de disparitions en cette fin 2015 dans notre communauté !!! Nous comptons encore celle de notre petit frère, ami, camarade, fils, petit-fils, petit voisin, complice ''Pepe''. Le Seigneur a donné, il a repris son bébé, son œuvre, son ange, pour un monde meilleur et sans souffrance. Que le nom de l'Eternel soit loué dans l'éternité. Et que tous les cœurs marqués par un départ tout au long de l'année 2015 soient abondamment apaisés et permanemment assistés en cette nouvelle année de Miséricorde divine.

Ingrid A.

Table des Matières

FSC
www.fsc.org
MIX
Papier | Fördert
gute Waldnutzung
FSC® C083411

Kolibri 360 GmbH
Ferdinand-Jühlke-Straße 7
99095 Erfurt, Deutschland
produktsicherheit@kolibri360.de

Druck:
CPI Druckdienstleistungen GmbH
im Auftrag der
Kolibri 360 GmbH
Ferdinand-Jühlke-Str. 7
99095 Erfurt